JORGE LUIS BORGES

colección andanzas

JOSÉ EMILIO PACHECO

JORGE LUIS BORGES:
Una invitación a su lectura

© José Emilio Pacheco, y herederos de José Emilio Pacheco
© 2019, *Jorge Luis Borges. Una invitación a su lectura*

Fotografía de portada: © Paola Agosti
Buenos Aires, 1980. *Jorge Luis Borges en su casa con el gato Beppo*

Colección: Andanzas
Diseño de la colección: Guillemont-Navares
Fotografía del autor: © Rogelio Cuéllar Ramírez

Derechos reservados

© 2024, Editorial Planeta Mexicana, S.A. de C.V.
Bajo el sello editorial TUSQUETS M.R.
Avenida Presidente Masarik núm. 111,
Piso 2, Polanco V Sección, Miguel Hidalgo
C.P. 11560, Ciudad de México
www.planetadelibros.com.mx

Primera edición en formato epub: noviembre de 2024
ISBN: 978-607-39-2106-0

Primera edición impresa en México: noviembre de 2024
ISBN: 978-607-39-1950-0

No se permite la reproducción total o parcial de este libro ni su incorporación a un sistema informático, ni su transmisión en cualquier forma o por cualquier medio, sea este electrónico, mecánico, por fotocopia, por grabación u otros métodos, sin el permiso previo y por escrito de los titulares del *copyright.*

La infracción de los derechos mencionados puede ser constitutiva de delito contra la propiedad intelectual (Arts. 229 y siguientes de la Ley Federal de Derechos de Autor y Arts. 424 y siguientes del Código Penal Federal).

Si necesita fotocopiar o escanear algún fragmento de esta obra diríjase al CeMPro (Centro Mexicano de Protección y Fomento de los Derechos de Autor, http://www.cempro.org.mx).

Impreso en los talleres de Impregráfica Digital, S.A. de C.V.
Av. Coyoacán 100-D, Valle Norte, Benito Juárez
Ciudad De Mexico, C.P. 03103
Impreso en México - *Printed in Mexico*

Índice

Una vida: cronología mínima

1870: Domingo Faustino Sarmiento, presidente de la Argentina, envía al coronel Francisco Isidoro Borges (nacido en 1832, hijo del marino portugués Francisco de Borges) para que, al frente de un regimiento de infantería, libere a la ciudad de Paraná (en la provincia de Entre Ríos) del sitio impuesto por los montoneros, la milicia gaucha de Ricardo López Jordán. El coronel Borges toma Paraná y conoce a una joven inglesa, Frances (Fanny) Haslam. En compañía de su padre, Edward Young Haslam, protestante, doctor en letras por la Universidad de Heidelberg, editor del primer periódico argentino en inglés, Fanny ha viajado para visitar a su hermana Carolina, que vive con su esposo en Paraná.

1871: Matrimonio del coronel Borges y Fanny Haslam. El general Martín de Gainza, ministro de Guerra y su padrino de bodas, nombra al coronel jefe de las tres fronteras: norte y oeste de Buenos Aires, y sur de Santa Fe. Los recién casados se establecen en Junín.

1872: Nace su primer hijo, Francisco.

1874: Nacimiento de Jorge Guillermo Borges Haslam. Cuando el niño tiene siete meses el coronel Borges pierde la batalla de La Verde, lanza una carga final y muere bajo las balas enemigas.

1875-1888: Jorge Guillermo Borges crece en Paraná, al cuidado de su familia materna con la que habla siempre en inglés.

1876: Nace Leonor Acevedo Suárez, también descendiente de militares.

1889: Jorge Guillermo Borges va a estudiar a Buenos Aires.

1893: Conoce a Leonor Acevedo. Inician un dilatado noviazgo.

1895: Jorge Guillermo Borges se recibe de abogado.

1898: Matrimonio de Jorge Guillermo Borges y Leonor Acevedo. Pasan su luna de miel en Córdoba y se instalan en Buenos Aires en casa de la familia Acevedo, donde nació la joven esposa.

1899: Jorge Luis Borges nace, ochomesino, el 24 de agosto en la calle de Tucumán, entre Suipacha y Esmeralda, en pleno centro de Buenos Aires. Ésta deja de ser «la gran aldea» para convertirse en una ciudad de ochocientos veinte mil habitantes, muchos de ellos inmigrantes italianos y españoles o judíos que escapan de las persecuciones en el imperio zarista. Argentina es una gran potencia agropecuaria, con ingresos equiparables a los que rigen en los países europeos.

1901: Nace su hermana Nora. La familia se instala en Palermo, entonces un barrio marginal, en la calle Serrano 2135.

1903: Habla en español con su madre y con su abuela materna y en inglés con su padre y su abuela paterna. Recibe clases de miss Tink, una institutriz inglesa.

1906: Escribe una obrita teatral, *La visera fatal*, en lenguaje cervantino. Dice a su padre: «Seré escritor». Hace en inglés un resumen de la mitología griega.

1907: Comienza a leer en la biblioteca inglesa de su padre. «Si se me pidiera elegir el acontecimiento principal de mi vida, diría que fue [esta biblioteca]. A veces pienso que nunca he salido de ella».

1908: Traduce «El príncipe feliz» de Oscar Wilde. Entra en la escuela primaria estatal. Amistad con su hermana Nora. Vacaciones en Adrogué, en las proximidades de Buenos Aires, y en la propiedad de sus parientes, los Ahedo, en Paso Molino, cerca de Montevideo.

1909: Se publica en *El País*, firmada como Jorge Borges (H.), es decir, Jorge Borges hijo, su traducción de

«El príncipe feliz» de Oscar Wilde. Su padre es anarquista-pacifista y vegetariano. Le dice que observe «soldados, uniformes, cuarteles, banderas, iglesias, curas y carnicerías» porque están por desaparecer y Borges podrá contarles a sus hijos que realmente los vio. Argentina se convierte en la mayor exportadora de cereales del mundo.

1910: Se conmemora el centenario de la Independencia. De la conmemoración forman parte las *Odas seculares* de Leopoldo Lugones y el «Canto a la Argentina» de Rubén Darío. Amistad de los Borges con el poeta popular Evaristo Carriego, que dedica un poema a Leonor en donde dice:

> Y que tu hijo, el niño aquel
> de tu orgullo, que ya empieza
> a sentir en la cabeza
> breves ansias de laurel...

1914: Jorge Guillermo Borges se jubila ante la posibilidad de perder la vista por una enfermedad hereditaria que él también ha trasmitido a su hijo, ya a esta edad afectado de miopía progresiva. Con objeto de recibir tratamiento viaja a Europa con su familia, incluida su suegra Leonor Acevedo Suárez. Al estallar la Primera Guerra Mundial, se instala en Ginebra, Suiza, gracias a su pensión de retiro y la fortaleza de la moneda argentina.

1915: Borges entra en el Colegio Calvino de Ginebra. Aprende latín y francés, sin dejar sus lecturas inglesas.

Amistad con dos compañeros, Simon Jichlinski y Maurice Abramowicz, judíos de Polonia.

1916: Abramowicz le descubre a los poetas simbolistas franceses. Por su parte, Borges lee a Walt Whitman y a Arthur Schopenhauer. Emprende el estudio del alemán. Descubre a Heine y *El golem* de Gustav Meyrink.

1917: A pesar de que la guerra submarina vuelve muy peligroso el viaje transatlántico, Fanny Haslam se reúne con su familia en Ginebra. Muere la abuela materna.

1919: Terminada la guerra, la familia se traslada a España. En Palma de Mallorca su padre escribe la novela *El caudillo*. Borges hace dos libros que no publicará: *Ritmos rojos*, en el que exalta la Revolución soviética, y *Los naipes del tahúr*, cuentos al estilo del novelista Pío Baroja. Publica su primer poema, «Himno del mar».

1920: La familia pasa a Sevilla y a Madrid. Borges se relaciona con los jóvenes poetas vanguardistas que animan el movimiento llamado ultraísmo y colabora en sus publicaciones *Grecia*, *Cosmópolis* y *Ultra*. En Madrid frecuenta la tertulia de Ramón Gómez de la Serna en el café Pombo y, sobre todo, la de Rafael Cansinos Assens, a quien elige como maestro y guía. Da a conocer en España a los expresionistas alemanes y a los nuevos poetas estadounidenses.

1921: De vuelta en Buenos Aires, Borges redescubre la ciudad natal y difunde el ultraísmo en un manifiesto publicado por la revista *Nosotros*. Se une a los jóvenes de su generación argentina para hacer la revista mural *Prisma*. Frecuenta a Macedonio Fernández, nacido en 1874, como su padre, y a Lugones, escritor de vanguardia que sólo será realmente entendido en el contexto que le proporcionarán novelas como *Rayuela* de Julio Cortázar.

1922: Con Fernández y otros escritores funda la revista *Proa*.

1923: Publica *Fervor de Buenos Aires*, ilustrado por Nora. Vuelve a España y pasa por Londres y París. Colabora en la *Revista de Occidente* de José Ortega y Gasset.

1924: Estancia en Lisboa. De nuevo en Buenos Aires, vuelve a publicar *Proa*, esta vez con Ricardo Güiraldes, autor de *Don Segundo Sombra*. Colabora en la revista *Martín Fierro*.

1925: *Luna de enfrente*, poemas, e *Inquisiciones*, ensayos. Empieza su amistad con Victoria y Silvina Ocampo.

1926: *El tamaño de mi esperanza*, ensayos. Conoce en La Plata a Pedro Henríquez Ureña y a la joven Elsa Astete quien, casi cuarenta años después, se convertirá en su primera esposa.

1928: *El idioma de los argentinos*, ensayos. Se estrecha su amistad con Alfonso Reyes y Henríquez Ureña. Matrimonio de Nora con el crítico español Guillermo de

Torre, a quien los hermanos Borges habían conocido en la tertulia de Cansinos Assens. Se relaciona con Néstor Ibarra, que será su primer traductor en Francia.

1929: Alfonso Reyes edita el tercer libro poético de Borges, *Cuaderno San Martín*. Obtiene el segundo Premio Municipal de Literatura de la ciudad de Buenos Aires. Emplea el dinero en comprar la *Encyclopædia Britannica* de 1911.

1930: *Evaristo Carriego*, biografía crítica. En casa de las hermanas Ocampo, conoce al adolescente Adolfo Bioy Casares, destinado a ser su mejor colaborador y amigo.

1931: Victoria Ocampo funda *Sur*, revista en la que Borges colaborará toda la vida.

1932: *Discusión*, ensayos.

1933: La revista *Megáfono* publica una revisión de Borges, a cargo de varios autores. Dirige con Ulyses Petit de Murat la *Revista Multicolor de los Sábados,* suplemento del periódico popular *Crítica*.

1935: *Historia universal de la infamia*, su primer libro de cuentos. Muere Fanny Haslam.

1936: *Historia de la eternidad*, ensayos. Empieza su crónica literaria en *El Hogar*, revista para familias. La sección «Libros y autores extranjeros» aparecerá póstumamente en *Textos cautivos* (1986). Traduce *Un cuarto propio* de Virginia Woolf.

1937: Hace con Henríquez Ureña la *Antología clásica de la literatura argentina*. Traduce para la editorial Sur otro libro de Virginia Woolf: la novela *Orlando*.

1938: Muere su padre y se suicida Lugones. A fin de año Borges sufre un grave accidente que le provoca una septicemia que pone en peligro su vida y afecta su vista.

1939: Para probarse que su mente no ha sido dañada por la enfermedad, escribe «Pierre Menard, autor del Quijote». Néstor Ibarra traduce por vez primera un texto de Borges al francés. Como su actividad literaria apenas le proporciona dinero, está empleado como auxiliar en una biblioteca suburbana. Aprovecha los largos viajes en tranvía para leer a Dante en italiano e inglés.

1940: En colaboración con Bioy Casares y Silvina Ocampo, que se casan en ese año, publica la *Antología de la literatura fantástica*.

1941: Los tres editan la *Antología poética argentina*. Aparece *El jardín de senderos que se bifurcan*. Traduce *Las palmeras salvajes* de William Faulkner y *Un bárbaro en Asia* de Henri Michaux.

1942: Borges y Bioy inventan a H. Bustos Domecq, autor de *Seis problemas para don Isidro Parodi*. Los premios literarios municipales excluyen *El jardín de senderos que se bifurcan*. José Bianco, secretario de redacción de *Sur*, organiza un «Desagravio a Borges» que aparece en el número de julio.

1943: *Poemas, 1922-1943*. Con Bioy hace una antología de *Los mejores cuentos policiales*. Traduce *La metamorfosis y otros cuentos* de Franz Kafka y *Bartleby, el escribiente* de Herman Melville.

1944: Se publica *Ficciones*, que añade una nueva sección y ocho nuevos cuentos a *El jardín de senderos que se bifurcan*. Se enamora de Estela Canto.

1945: Perón llega al poder. Con Silvina Bullrich, Borges publica *El compadrito: su destino, sus barrios, su música*. La Sociedad Argentina de Escritores (SADE) otorga su Gran Premio de Honor a *Ficciones*. Por haber manifestado en público su antiperonismo, Nora es encarcelada y su madre, doña Leonor, sometida a un mes de arresto domiciliario. «El Aleph» aparece en el número de septiembre de *Sur*.

1946: Lo degradan a inspector de gallinas y conejos en los mercados municipales, como represalia por sus ideas antifascistas. Al renunciar, pierde su ingreso administrativo y empieza una nueva carrera como conferencista en el Instituto Superior de Cultura Inglesa. Todas las conferencias son vigiladas por la policía. Dirige *Anales de Buenos Aires*, donde publica el primer cuento de Julio Cortázar. En colaboración con Bioy, da a conocer *Dos fantasías memorables* y *Un modelo para la muerte*, con el pseudónimo de B. Suárez Lynch.

1948: Escribe la mayoría de los cuentos que formarán *El Aleph* y los ensayos que aparecerán en *Otras inquisiciones*. Apogeo de la popularidad de Eva Perón.

1949: *El Aleph*.

1950: Presidente de la SADE. Profesor de literatura inglesa en el Colegio de Estudios Superiores.

1951: *La muerte y la brújula*, antología de sus cuentos. Con Bioy, recopila la segunda parte de *Los mejores cuentos policiales*. Con Delia Ingenieros, *Antiguas literaturas germánicas*. Primera traducción francesa de *Ficciones*, prologada por Néstor Ibarra.

1952: *Otras inquisiciones*. Se publica en París *Labyrinths*, edición preparada por Roger Caillois.

1953: Publica *El Martín Fierro* con Margarita Guerrero. José Edmundo Clemente inicia en la editorial Emecé las *Obras completas* de Borges en tomos individuales. El primero es *Historia de la eternidad*.

1954: *Poemas, 1923-1953*. Leopoldo Torre Nilsson filma el cuento «Emma Zunz», con el título *Días de odio*.

1955: Perón es derrocado por el ejército y la marina. Borges se convierte en director de la Biblioteca Nacional. Publica con Bioy dos guiones cinematográficos: *Los orilleros* y *El paraíso de los creyentes*, y la antología *Cuentos breves y extraordinarios*; con Betina Edelberg, *Leopoldo Lugones*, y con Luisa Mercedes Levinson, el libro de cuentos *La hermana de Eloísa*.

1956: Los oftalmólogos le prohíben leer y escribir. A partir de entonces tiene que dictar, sobre todo a su madre. Recibe el Premio Nacional de Literatura y es nombrado profesor en la Facultad de Filosofía y Letras (Universidad de Buenos Aires).

1957: Con Margarita Guerrero publica *Manual de zoología fantástica*.

1958: Gracias a «Límites», que aparece en *La Nación*, y a los sonetos publicados en *Sur* (marzo-abril), vuelve a la poesía e inicia la parte mejor y más fecunda de su obra en verso. Publica *Poemas, 1923-1958*.

1960: El tomo IX de las *Obras completas* es un volumen nuevo, *El hacedor*, de prosas y poemas. Con Bioy, publica *Libro del cielo y del infierno*.

1961: El Premio Internacional de los Editores, concedido en Formentor, Mallorca, se les otorga a Borges y a Samuel Beckett. Es el auténtico comienzo de su reputación universal y del auge de la literatura hispanoamericana. Publica *Antología personal*. Por vez primera en treinta y ocho años sale de la región rioplatense y pasa unos meses en Austin, invitado por la Universidad de Texas. Lo acompaña su madre. Hace una gira de conferencias que incluye Nueva York, San Francisco y Washington.

1962: Regresa a Buenos Aires. A propuesta de André Malraux, el general Charles de Gaulle le otorga una alta condecoración francesa. Aparecen en inglés *Labyrinths* y *Fictions*.

1963: Viaja a Europa con su madre por primera vez en cuarenta años. Da conferencias en España, Francia e Inglaterra.

1964: En París, la revista *Cahiers de l'Herne* le dedica un número en que colaboran críticos de Europa y Estados Unidos. Asiste en Berlín a un congreso de escritores y en París a la celebración del cuarto centenario de Shakespeare. Visita Inglaterra y Suecia.

1965: En colaboración con María Esther Vázquez, *Literaturas germánicas medievales*, refundición de *Antiguas literaturas germánicas*. Con ella también hace *Introducción a la literatura inglesa*. Viajes al Perú, Colombia y Chile. Condecoraciones de Gran Bretaña e Italia.

1966: *Obra poética (1923-1966)*. Premios Madonnina e Ingram Merrill.

1967: Con Bioy publica *Crónicas de Bustos Domecq*. Aparecen *Para las seis cuerdas* y *El otro, el mismo*, nueva recopilación de poemas. Matrimonio con Elsa Astete

Millán. Cátedra de poesía Charles Eliot Norton en la Universidad de Harvard. Conoce a Norman Thomas di Giovanni, que será por varios años su traductor y agente literario.

1968: *Nueva antología personal* y *El libro de los seres imaginarios*, edición aumentada del *Manual de zoología fantástica.*

1969: *Elogio de la sombra.* Traduce al español *Hojas de hierba* de Walt Whitman y al inglés *The Aleph and Other Stories* con Di Giovanni. Viajes a Israel, a Inglaterra, donde la Universidad de Oxford le da el doctorado *honoris causa*, y a Estados Unidos. Homenaje de la Universidad de Oklahoma.

1970: *El informe de Brodie*, cuentos. Aparece *The Aleph and Other Stories, 1933-1969.* Incluye comentarios del autor que no figuran en las ediciones originales. Recibe en Brasil el Premio Interamericano de Literatura. Una encuesta del *Corriere della Sera* le da más votos internacionales que a ningún otro escritor para recibir el Premio Nobel. No obstante, el ganador es Aleksandr Solzhenitsyn. Se divorcia de Elsa Astete. Publica en *The New Yorker* «An Autobiographical Essay».

1971: Doctorado de la Universidad de Columbia. Premio Jerusalén, de Israel. Viaje a Inglaterra. Visitas a Escocia e Irlanda. Publica en edición separada el cuento «El Congreso».

1972: *El oro de los tigres*, poemas y prosas. Nuevos doctorados y conferencias en Estados Unidos.

1973: Perón regresa al poder. Escribe *El libro de arena*, cuentos; *La rosa profunda*, poemas, y *Prólogos*. El editor italiano Franco Maria Ricci inicia la serie de cuentos fantásticos La Biblioteca de Babel, dirigida por Borges en colaboración con María Esther Vázquez. Vuelve a Estados Unidos en el primer viaje que hace acompañado por María Kodama. Viaje a España. Renuncia a la Biblioteca Nacional. En México recibe el Premio Alfonso Reyes.

1974: *Obras completas*, primer tomo.

1975: Muere a los noventa y nueve años Leonor Acevedo de Borges.

1976: *La moneda de hierro*, poemas, y *Qué es el budismo*, en colaboración con Alicia Jurado. Condecoración chilena y entrevista con Augusto Pinochet, las que, al parecer, provocan que una vez más no le concedan el Premio Nobel. Golpe de Estado militar en Argentina y comienzo del terror que hará desaparecer a más de treinta mil víctimas.

1977: *Historia de la noche* y *Nuevas crónicas de Bustos Domecq*. Viajes a Grecia, Francia, Suiza e Italia.

1978: Doctorado de La Sorbona. Viaje a Egipto.

1979: *Obras completas en colaboración*. Viajes a Francia, Alemania y Japón acompañado por María Kodama.

1980: Premio Cervantes compartido con Gerardo Diego. En Francia, Premio Mundial Cino del Duca. Premio de la Fundación Argentina para la Poesía. Se suma a la protesta de las Madres de la Plaza de Mayo que claman por los desaparecidos.

1981: *La cifra*, poemas. Premio Ollin Yoliztli, del Festival Internacional Cervantino en México. Doctorados de las universidades de Harvard y Puerto Rico.

1982: Guerra de las Malvinas. Caída de la dictadura militar. *Nueve ensayos dantescos*. Viajes a Estados Unidos, Alemania y Suiza.

1983: Orden de la Legión de Honor, concedida por el presidente de Francia, François Mitterrand. Doctorado de la Universidad de Madison. Premio T. S. Eliot en el Reino Unido.

1984: *Atlas*. Doctorados en Roma, Palermo, Tokio y Grecia. El presidente italiano Sandro Pertini le da la Orden al Mérito de la República Italiana y el primer ministro portugués Mário Soares, la Orden de Santiago de la Espada.

1985: *Los conjurados*, su último libro. Premio Etruria en Italia. Viajes a España y Estados Unidos. La Biblioteca Nacional de Madrid adquiere en 26 000 dólares el manuscrito de «El Aleph», vendido por su dueña, Estela Canto. A fin de año sale de Buenos Aires con María Kodama.

1986: Tratamiento en una clínica suiza. Matrimonio con María Kodama, declarada heredera universal. El 14 de junio muere Jorge Luis Borges en Ginebra a los ochenta y siete años y es sepultado en el cementerio de Plainpalais.

Prólogo en Toledo: Borges y don Juan Manuel

En cuanto tuvieron el uso de la palabra, nuestros ancestros más lejanos, reunidos en torno al fuego ante la boca de la caverna, se dieron a contar historias. El cráneo de muchos fósiles humanos tiene la deformación propia de la persona habituada a escuchar con la cabeza hundida en la palma de la mano. Los golpes que se aprecian en muchas calaveras prehistóricas se deben, de acuerdo con E. M. Forster, a que el auditorio daba muerte al narrador si se aburría con el cuento.

La narración oral aparece en todos los pueblos, aun entre aquellos carentes de escritura. Sin embargo, es el género que tardó más en encontrar expresión gráfica. A tal punto la gente estaba acostumbrada a contar y escuchar cuentos que no les daba mucha importancia.

Siempre se ha relacionado la literatura con lo solemne. La historia podía y debía escribirse con el mismo derecho que la lírica y la épica, el drama y la reflexión filosófica. Para que los cuentos tuvieran el privilegio de la letra fue necesario ponerlos al servicio de la religión. A pesar de su antigüedad y perdurabilidad, el cuento y su hermana mayor –o su hija–, la novela, no adquieren plena respetabilidad literaria hasta el siglo XIX. Son, en este sentido, géneros de una juventud tal que tienen la vida por delante. Quizá lo mejor de su historia aún pertenece al porvenir.

La Escuela de Traductores de Toledo

Cuando Toledo se convirtió en capital de Castilla convivieron en la ciudad españoles, árabes y judíos. La Escuela de Traductores toledanos comunicó a Europa la tradición griega aniquilada por las invasiones bárbaras y recogida y filtrada por los árabes. Al mismo tiempo le dio la ciencia, la filosofía y la literatura de Oriente. Allí empezaron a cuartearse las paredes del mundo feudal y Europa se puso en movimiento. Sin aquel Toledo no existiría el mundo contemporáneo.

Fernando III, el Santo, rey de Castilla, impuso como lengua oficial en sus dominios el idioma que hasta entonces era, como dice Antonio Alatorre, «un pequeño dialecto arrinconado». Su hijo, Alfonso el Sabio, reinó de 1252 a 1284. Fue autor o editor, en el sentido inglés del término, de la *Primera crónica general*, de *General e grand estoria* y de *Las siete partidas*. Mandó traducir *Calila e Dimna* y el *Sendebar* (también llamado *Syntipas*), cuentos árabes de origen hindú, con un título tan misógino como su contenido: *Libro de los engaños e los asayamientos de las mujeres* (*asayamientos* quiere decir «astucias»).

Antes había habido cuentos escritos pero en latín. Un judío aragonés, Pedro Alfonso o Moisés Sefardí, tradujo algunos de ellos y los designó *Disciplina clericalis*, es decir «enseñanzas para doctos», para quienes sabían lectura y latín.

El fundador de la ficción europea

Nieto de Fernando el Santo y sobrino de Alfonso el Sabio, don Juan Manuel no perteneció a la Escuela de Traductores de Toledo, pero como toda gran época literaria está precedida por una gran temporada de traducciones, don Juan Manuel y su contemporáneo el Arcipreste de Hita, que escribió *El libro de buen amor* y a quien se supone nacido en 1283, resultaron los beneficiarios de las empresas culturales alfonsinas.

Don Juan Manuel (1281-1348) no fue un clérigo sino un militar noble socialmente desplazado, lo cual siempre ha sido un estímulo para escribir ficción. En realidad, ni siquiera le correspondía el título de infante, pertenencia de su padre. Desde niño lo adiestraron en las humanidades y en la guerra. A los doce años ya era adelantado (gobernador civil y militar) de Murcia y fue corregente de Castilla. Se casó con dos princesas de Mallorca, actuó como tutor del príncipe que iba a ser Alfonso XI y más tarde luchó contra él y quiso unirse al rey moro de Granada.

Como en tantos otros, en don Juan Manuel no es fácil separar la política de la delincuencia impune. Fue rico y poco escrupuloso y también quiso llevarse su dinero del otro lado (con los árabes). En todo caso, lo importante es que hacia 1330 se encerró a escribir y cinco años después terminó *El conde Lucanor* y se convirtió en el primer cuentista europeo. Boccaccio inició el *Decamerón* trece años después, en 1348. Desde luego Boccaccio es un narrador más grande que don Juan Manuel, y *El conde Lucanor* parece primitivo frente a la *Divina comedia* (1307-1319).

Lo que nadie puede negarle al adelantado mayor de Murcia es haber sido el primero que escribió ficción en lengua vernácula o romance. Por tanto, fundó la narrativa europea de imaginación y al mismo tiempo la prosa castellana. *El conde Lucanor*, primera obra original escrita en ella, fija como sus características y normas supremas la claridad y la concisión (emplear «las menos palabras que puedan ser»). A diferencia de nuestra poesía, nuestra prosa no tuvo infancia.

Una invención colectiva

Hoy los libros se publican al poco tiempo de haber sido escritos. Antes no ocurría así. *El conde Lucanor* no se imprimió hasta dos siglos después, en 1575, gracias al historiador Gonzalo Argote de Molina. Fue el único libro medieval castellano leído por los autores del Siglo de Oro. Ellos no tuvieron lo que ahora podemos leer en ediciones de bolsillo. Tampoco don Juan Manuel dispuso de los clásicos grecolatinos, destruidos por las invasiones nórdicas y preservados incomunicablemente en Bizancio y en algunos monasterios. El libro de don Juan Manuel alcanzó una inmensa influencia en la literatura europea. En 1575 la lengua dominante era el castellano y España era el país que enseñaba a escribir a los demás.

Si para el criterio actual *El conde Lucanor* es un libro de cuentos, don Juan Manuel no emplea este vocablo. Sus contemporáneos hablaban de «ejemplo, fábula, apólogo, proverbio, hazaña». Cervantes llama «novela» a toda narración imaginaria escrita y «cuento» a la oral. Quién sabe qué se propuso hacer don Juan Manuel. Lo que ahora leemos es nada más la primera de cinco partes, las cuatro restantes no son de índole narrativa.

Otras cosas que asombran en este señor de horca y cuchillo son su delicadeza y su tolerancia. No es enemigo de las mujeres como era lugar común en la literatura de su tiempo, trata bien a árabes y judíos, respeta a los pobres y a los magos en una época de feroz persecución; escribe para «omnes et mugeres» en su lengua, no en latín; no se dirige a los clérigos sino a quienes vislumbra como público: «las gentes que non fuessen muy letrados nin muy sabidores».

Quizá *El conde Lucanor* fue concebido originalmente con tres objetivos: primero, servir como instrumento para la educación de los poderosos mediante consejos para manejar los asuntos del Estado. Segundo, ser un *I Ching*, un libro-brújula, un oráculo que contuviera todos los conflictos a que podamos enfrentarnos y exijan una decisión. Tercero, constituir una antología del cuento universal, sobre todo árabe, pero también búdico, esópico, romano, cristiano, crusádico, monástico y popular castellano. No hay un solo argumento original en los relatos: la invención está en la forma de contarlos y en el cuidadoso estilo.

Borges ha creado a sus precursores. Estos cuentos ajenos que se vuelven propios recuerdan la *Historia universal de la infamia* (1935). Como homenaje, guiño o comprobación del vínculo, en la sección «Etcétera» Borges reescribe la historia manuelina de don Illán de Toledo («El brujo postergado»). Antes de él la habían empleado Juan Ruiz de Alarcón (*La prueba de las promesas*) y Azorín («Don Illán, el Mágico», en *Los valores literarios*). Borges añade que el cuento castellano deriva de un libro árabe: *Las cuarenta mañanas y las cuarenta noches*. Sean cuales fueren sus antecedentes, se trata de uno de los mejores cuentos fantásticos de la literatura española. Si se comparan las versiones será difícil resolver cuál es superior.

La postergación de las promesas

Un deán (el eclesiástico que en una catedral preside la comunidad de los canónigos cuando está ausente el obispo) llega a Toledo para que don Illán le enseñe el arte de la magia y lo encuentra leyendo en una habitación apartada. Don Illán le dice que tiene buen porvenir y teme ser olvidado luego por él. El deán le contesta que siempre se acordará del favor y estará siempre a sus órdenes. Don Illán ordena a la sirvienta que prepare perdices para la cena, si bien no debe asarlas hasta nueva orden.

Por una escalera ambos descienden hasta un lugar

bajo el lecho del río Tajo. Revisan los libros de una biblioteca situada junto a los instrumentos mágicos. Entran dos hombres con una carta en la que el obispo le comunica al deán que está agonizante y quiere verlo. Él le manda una disculpa por escrito.

Días después llegan escuderos que besan las manos del deán porque ahora es obispo. Don Illán se alegra mucho y le pide un puesto para uno de sus hijos. El nuevo obispo le responde que ha reservado el decanato para su hermano, pero se halla dispuesto a recompensarlo.

Se trasladan a Santiago. Seis meses después el papa le confiere el arzobispado de Tolosa al antiguo deán. El mago le recuerda su promesa y le implora dejar como sustituto a su hijo. El arzobispo le comunica que su tío va a obtener ese cargo.

A los tres años de su estancia en Tolosa el arzobispo es ascendido a cardenal por el papa. Don Illán vuelve a suplicarle el título para su hijo. El cardenal de nuevo le contesta que es para otro de sus propios parientes.

Van a Roma. Cuatro años después el cardenal se convierte en papa. Don Illán le recuerda la antigua promesa y le pide que haga cardenal a su hijo. Su Santidad lo amenaza con la cárcel, pues bien sabe que es un brujo y en Toledo ha sido profesor de artes mágicas. Don Illán le ruega que le dé algo para comer durante el camino de regreso a España. El papa se niega y entonces don Illán le dice: «Pues tendré que comerme las perdices que encargué para esta noche».

El papa ya no es el papa sino apenas deán y está de vuelta en la celda subterránea de Toledo. Se avergüenza tanto de su ingratitud que no atina a disculparse. Don Illán le niega su parte de las perdices, lo acompaña hasta la calle, le desea feliz viaje y lo despide con gran cortesía.

Trescientas reses para un pergamino

Cuentos que se nutren de cuentos y engendran otros cuentos... Ramón Menéndez Pidal dice que el cuento es el género emigrante: cada autor puede repetir y transmitir a su manera estos relatos anónimos y colectivos de incesante reelaboración. Las narraciones de don Juan Manuel provienen sobre todo del *Panchatantra* sánscrito, y pasan por Persia, Esopo, Plinio, los Evangelios, *Las mil y una noches*. De España se difunden al resto de Europa y de Europa llegan a toda América. Temas de *El conde Lucanor* reaparecerán en Cervantes, Shakespeare, Calderón, Alarcón, las fábulas del siglo XVIII, Goethe, Borges...

Sin embargo, para don Juan Manuel el cuento era medio y no fin. Sentía la obligación de darle al simple placer del texto, al puro goce de narrar, una envoltura didáctico-moral que ya no existe en Boccaccio. Porque acababa de descubrirse el adelanto tecnológico que volvió posible el comienzo de la ficción escrita. Antes de ese momento para hacer un solo libro en pergamino era preciso matar trescientas reses. Algo tan increíblemente caro debía reservarse para la religión y el latín.

Hacia 1200 los árabes lograron reproducir el procedimiento chino y fabricar papel en Játiva, Valencia.

Para la época en que escribió don Juan Manuel ya se elaboraba papel en Italia y se vislumbraba, lejana pero cierta, la posibilidad de sustituir el pergamino y abaratar los libros. De modo que podía pensarse ya en la imprenta y en una literatura que no sirviera a la religión sino al disfrute y al entretenimiento.

En otro mundo muy diferente Borges duplicó la hazaña de don Juan Manuel. Las consecuencias para la narrativa de todo el planeta fueron incalculables. Aún no acabamos de medirlas.

Borges antes de Borges

En diciembre de 1960 Borges publicó *El hacedor*, libro de verso y prosa. En él figuran algunos textos hoy reconocidos como clásicos y otros que, ahora sabemos, eran tan antiguos como para haber aparecido en 1933 en la *Revista Multicolor* del diario *Crítica*.

El libro no fue bien recibido en su país. A los sesenta y un años Borges parecía un escritor liquidado, perteneciente al ayer y sin porvenir alguno. Un joven novelista, Pedro G. Orgambide, pronunció su epitafio: «Fue Borges quien condenó a Borges al exilio. Tal vez sin quererlo, vida y muerte faltaron a su vida».

La expresión de la irrealidad

Era la opinión dominante también en México. Estaba basada en una autocrítica irónica. En realidad, el propio Borges había tendido una cortina de humo en torno a su propia obra con esta declaración en el prólogo de 1932 a *Discusión*: «Vida y muerte le han faltado a mi vida. De esa indigencia, mi laborioso amor por estas minucias».

No faltaban ensayos iluminadores sobre Borges, como el primer texto panorámico acerca de su obra que hizo Emir Rodríguez Monegal en la revista *Número* de Montevideo (1955) y los libros de Ana María Barrenechea, *La expresión de la irrealidad en la obra de Borges* (1957), y *Jorge Luis Borges: ensayo de interpretación* (1959), de Rafael Gutiérrez Girardot. Pero la impresión dominante era que se trataba de algo acabado, inservible para la nueva realidad latinoamericana.

Fue imposible ver entonces que Borges había vencido una más de las pruebas por las que pasa toda obra importante y estaba a punto de entrar en otra zona. Su gran triunfo se inició en 1961 y no ha terminado. A cien años de su nacimiento y quince de su muerte, Borges no ha caído en el purgatorio que atraviesan, tras su desaparición física, todos los escritores célebres. Al contrario: es un clásico.

Borges por dondequiera

De pronto se interrumpían casi quinientos años de sólo recibir e imitar. Un autor nuestro era seguido y elogiado en las metrópolis. Roger Caillois publicaba en París *Poncio Pilatos*, una novela corta borgeana (cómo hubiera sido la historia si el procurador de Judea hubiera puesto en libertad a Jesucristo). François Mauriac decía: «Ha demostrado que los novelistas franceses seguimos rumiando en los establos del naturalismo».

Comenzando por Michel Foucault, lo citaban los teóricos franceses y los exponentes de la Nueva Crítica. Los autores del *nouveau roman* lo consideraban su precursor y su modelo. En Estados Unidos lo juzgaban, junto a su contemporáneo Vladímir Nabókov, el gran maestro de la narrativa contemporánea en ese país. George Steiner lo llamaba «el más original de los escritores angloamericanos». No acabaríamos nunca con el recuento. Baste por ahora el ejemplo de la literatura serbia que se considera a sí misma una antes y otra después de Borges. Al mismo tiempo se vuelve parte de la cultura popular. Aparece en las películas de Jean-Luc Godard y Woody Allen, en todas las revistas, en todos los programas de televisión. Respecto a nosotros Carlos Fuentes dijo en 1968: «Sin Borges simplemente no hay nueva novela hispanoamericana», y añadió en los noventa que Borges lo llevó a elegir el español y no el inglés como lengua literaria.

El exilio y el margen

Sin proponérselo, al empezar los sesenta, Borges ocupa el centro aunque proviene de una literatura hispanoamericana del exilio y del margen. Hay muchas otras escenas posibles de fundación, pero imaginemos a un peruano de cincuenta años que en 1589 consigue una cita para visitar en la Córdoba de España a don Francisco Murillo, notable letrado y maestro de la catedral.

Bautizado como Gómez Suárez de Figueroa, hijo de la princesa Isabel Chimpu Ocllo, el peruano reconcilia dos imperios, el inca y el español, y toma el apellido paterno para llamarse el Inca Garcilaso de la Vega. Le lleva a Murillo su traducción de los *Diálogos de amor* de León Hebreo. Éste tampoco se llamaba así sino Jehudá Abravanel. Era hijo del banquero sefardí que pagó la expedición de Colón. Arrojado de España, se exilió en Italia, adoptó su lengua y en su nuevo nombre declaró y exaltó su condición judía.

Nadie nos invitó al banquete de la civilización. El sabio de Córdoba ve un intruso en quien se acerca a él con la mayor humildad. Dice Murillo:

> Un antártico, nacido en el Nuevo Mundo, allá debajo de nuestro hemisferio, y que en la leche mamó la lengua general de los indios del Perú, ¿qué tiene que hacer en hacerse intérprete entre italianos y españoles?, y ya que presumió serlo, ¿por qué no tomó libro cualquiera y no el que los italianos más estimaban y los españoles menos conocían?

El antártico triunfó. Sus *Diálogos de amor*, su *Florida del Inca*, su *Historia general del Perú* y, sobre todo, sus *Comentarios reales* son obras maestras de la prosa castellana y figuran entre los clásicos del Siglo de Oro.

El laberinto y la enciclopedia

Borges fue el otro antártico a quien nadie invitó para hacerse intérprete de Europa y de muchas otras partes, y transformar esos materiales en laberinto, espejo, brújula, biblioteca, enciclopedia y goce profundo.

Laberinto. El mundo ante el espejo de la eternidad es un laberinto de causas y efectos inexplicables e impredecibles. La vida prenatal es un laberinto. Las ciudades son laberintos. Y el mayor laberinto es nuestra existencia misma en que nos encerraron sin consultarnos y de la que no sabemos cómo ni cuándo vamos a salir. Por lo pronto, vivimos prisioneros entre dos fechas (en el caso de Borges 1899-1986) y determinados por los cien mil genes que hay en cada célula de nuestro cuerpo. Nos aprisionan un tiempo y un lugar.

Para saber en dónde estamos y qué pasó aquí en este mundo antes de que llegáramos tenemos el laberinto de los libros, la biblioteca que por definición no agotaremos nunca. Toda una vida dedicada a la lectura no alcanza sino para leer a lo sumo unos cuatro mil y cada año se publican más de medio millón de nuevos títulos. En el centro de ese laberinto hay otro: la enciclopedia, el libro de los libros, que sería la traducción exacta de la palabra *biblia*. Ya Rodríguez Monegal demostró hasta qué punto una enciclopedia, la *Britannica* de 1911, es decisiva para la obra de Borges.

Lo que se oculta y se muestra

«La casa de Asterión» (*Los Anales de Buenos Aires*, 1947, recogido en *El Aleph*, 1949) es un cuento central de Borges. Narra la historia del prisionero en el laberinto, el Minotauro al que dará muerte Teseo. En una de las incontables entrevistas cuyas respuestas forman varias enciclopedias de cultura popular, Borges dice que *monstruo* quiere decir «lo que se muestra». No sé gran cosa de latín ni de etimologías pero supongo que *monstruo* deriva de dos verbos: *monstro*, «señalar», de donde proviene nuestro verbo *mostrar*; y *moneo*, «llamar la atención» o «hacer que algo se muestre», de donde sacamos *demostración*. *Monstruo* es el milagro, la maravilla, el portento, lo que está fuera de lo común. De allí el elogio a Lope de Vega: «monstruo de la naturaleza». Sólo en segunda y contradictoria acepción, *monstruo* es «persona, animal o cosa antinatural, contrahecha o deforme».

El Minotauro es el híbrido por excelencia, el bastardo de dos que jamás debieron unirse. A los ojos del clérigo de Córdoba, el Inca Garcilaso no sólo es un bastardo, nacido de la lujuria y no del sacramento matrimonial, sino es un monstruo porque escribe el castellano mejor que muchos peninsulares.

Minos, soberano de Creta, hijo de Zeus y esposo de Pasífae, recibe de Poseidón, rey del mar, cien toros para el sacrificio. Mata noventa y nueve pero se queda con uno. Poseidón lo castiga. Hace que la reina Pasífae se enamore del animal y conciba al Minotauro, fruto de un amor en sí mismo monstruoso. Minos ordena al arquitecto Dédalo que construya un laberinto para encerrar al Minotauro. El laberinto es una prisión y un matadero porque hasta él llegan como ofrenda jóvenes y muchachas de Atenas para ser consumidos por el monstruo.

Teseo lo mata con ayuda de Ariadna, media hermana del Minotauro. Se la lleva consigo y también rapta a su hermana Fedra. Teseo abandona a Ariadna, se casa con Fedra, quien a su vez se enamora de su hijastro Hipólito. Todo ello conduce a la destrucción de ambos. Hay demasiado sexo y violencia en la mitología griega, inspiración del primer texto hecho por el niño Borges a los seis años.

Mientras tanto el constructor del laberinto quiere salir de la isla de Creta. Se lo impiden Minos y el mar, el otro laberinto. Entonces, según cuenta Ovidio en el libro octavo de *Las metamorfosis*, Dédalo fabrica alas y emprende el vuelo acompañado de Ícaro, su hijo de doce años. El sol derrite la cera de las alas, Ícaro se precipita y muere en el Mediterráneo. Dédalo vivirá para llorar la muerte de su hijo y creerse culpable.

Así pues, la idea de laberinto queda asociada desde muy temprano en Borges a la noción del vuelo hacia la libertad, vuelo que también acaba en fracaso. No importa. Así sea por un instante, se ha mirado la tierra desde donde antes sólo la habían visto los dioses y los pájaros. Hay una salida del laberinto y es el vuelo, imagen por excelencia de la imaginación y la lectura.

La división Norte/Sur

En lo más arduo de la pelea contra él, sus enemigos dijeron que el apellido Borges quiere decir «burgués», como se llamó a quien en la Edad Media acampaba en las afueras del castillo y ya no era campesino pero tampoco lograba convertirse en noble. Según esta teoría, una sola familia valenciana engendró todas las variantes del apellido: Borgia, Borghese, Borja, Burgos, Burgess,

Borges. Debe de ser falso pero resultaría fascinante que Borges descendiera de Lucrecia Borgia, mujer a quien ahora vemos como víctima del poder de la literatura. Al igual de lo que sucede con Nerón, lo único que sabemos de ella es lo que dijeron por escrito quienes la odiaban. Mediante sobornos y corrupción, su padre Rodrigo Borgia se transformó en el papa Alejandro VI en 1492, año de la llegada de Colón y de la *Gramática* de Nebrija que organizó el castellano como lengua del imperio futuro.

Dos años después, en el Tratado de Tordesillas el papa Borgia reparte el Nuevo Mundo entre España y Portugal, y funda así la división Norte/Sur y el colonialismo que seguimos sufriendo. Este reparto, tanto como las orgías y exacciones del hombre menos indicado para ocupar la sede de san Pedro, provocan la rebeldía de Lutero y la división de la cristiandad entre católicos y protestantes.

Juan Calvino, una de las mayores figuras del protestantismo, establece unas normas religiosas basadas en la justificación por la fe, la predestinación, la seguridad de la salvación y la inexistencia del libre albedrío. Su fortaleza es Ginebra, la ciudad donde Borges fue adolescente y el lugar que escogió para morir. Calvino tiene una influencia profunda en la Iglesia anglicana que, lejos del dogmatismo ultraconservador de la Contrarreforma española, permite la fundación de la Royal Society de Londres, auspiciadora de la ciencia, la tecnología, la industrialización y el progreso y, en literatura, del *plain style* o estilo llano, opuesto por completo al barroco contrarreformista.

La plata, el oro, el ganado

Se dice que los antepasados de Borges por línea materna y paterna provienen de los primeros colonizadores, incluido Juan de Garay, fundador de Buenos Aires. Ambas son familias patricias, de los que en México llamaríamos «criollos viejos». A diferencia de la afrancesada Victoria Ocampo, ninguno de sus miembros ha reclamado una bisabuela indígena, aunque el deseo es todopoderoso y del laberinto de sus genealogías nadie sabe nada.

En el abismo entre los nombres y lo que nombran, los españoles llamaron Río de la Plata a la gran corriente que fertiliza el suelo donde no hallaron los metales preciosos que les interesaban. Pero allí estaba la pampa húmeda, laberinto horizontal poblado de indios que opusieron una valiente resistencia, una de las zonas más fértiles del mundo, origen de la inmensa riqueza agropecuaria que convirtió a la Argentina en gran exportadora de carne y cereales, principal sostén durante mucho tiempo de la alimentación europea y que, en el cambio de siglo, cuando nació Borges, la convirtió en uno de los países más importantes de la Tierra, con un nivel de vida comparable al de las zonas más desarrolladas. Todos pensaban que para Hispanoamérica el XX iba a ser el siglo argentino.

Sitiada entre la cordillera de los Andes y el Atlántico, la Argentina crece desde su vértice en la Tierra del Fuego e incluye una variedad de climas, la montaña más alta de América –el Aconcagua–, el gran río hecho de la fusión de otros dos –el Uruguay y el Paraná– y sobre todo la gran llanura, la pampa, que dio a Domingo Faustino Sarmiento la idea de que su país estaba rodeado por el desierto.

También allá los administradores coloniales sólo pensaban en enriquecerse y volver a España. Buenos Aires estaba tan lejos de la metrópoli que no había forma de frenar el contrabando. Sus habitantes se acostumbraron al intercambio con portugueses e ingleses, hecho insólito en un imperio cerrado al paso de quien no fuera español.

En 1776 el rey borbón Carlos III reformó sus colonias para extraerles más beneficios. Impuesta al dominio de la economía, la racionalidad del siglo XVIII mostró el absurdo de que el Callao, en las afueras de Lima, fuera el único gran puerto sudamericano. Habilitar como tal a Buenos Aires hacía innecesaria la penosa vuelta al continente por la Tierra del Fuego.

Se creó así, en las postrimerías de la Colonia, el virreinato del Río de la Plata. Los minerales peruanos eran conducidos a través de los Andes en carretas de bueyes, más lentos pero más resistentes que las mulas. Se enviaron de Europa vacas y toros como los que provocaron sin quererlo la tragedia de Creta. Por obra del enésimo laberinto, la sexualidad, el ganado se multiplicó al infinito y halló alimento propicio en la hierba de la pampa.

Con objeto de controlarlo se fueron creando los gauchos. Madrid admitió al fin la importación de esclavos africanos para las grandes estancias o haciendas. Los gauchos fueron vaqueros y también campesinos sin empleo ni tierra, domadores de caballos, cazadores de toros cimarrones, traficantes de pieles y carne salada que, junto al bacalao, era alimento de todo el Imperio español.

Los estancieros trataron de reducirlos a peones. No siempre lo lograron porque al desaparecer la economía pastoral los gauchos formaron el contingente de los caudillos que se disputaban el poder arrebatado a los peninsulares. Tocaban la guitarra y celebraban sus hazañas en canciones. Toda la música americana del uno al otro extremo nació del encuentro entre Europa y África. La música es el más claro ejemplo del sincretismo, las apropiaciones y, finalmente, la originalidad de nuestra cultura.

La mitología de las espadas

En 1806 los bonaerenses o porteños rechazan una invasión inglesa. En 1810 declaran la Independencia. Por obra de la lucha en suelo español contra los ejércitos napoleónicos y también de la distancia no hay intentos de reconquista. Así, en 1817 José de San Martín puede emprender también la liberación de Chile y Perú. A diferencia de lo ocurrido en México, donde la revolución insurgente es derrotada en 1815 por Agustín de Iturbide, los sudamericanos vencieron en 1824 a las tropas realistas.

Un bisabuelo de Borges, el coronel Suárez, dirige una carga de caballería en la batalla de Junín y combate en la victoria final de Ayacucho. Otro ancestro, el general Soler, jefe de la vanguardia de San Martín, es gobernador de Buenos Aires. Otro más, Francisco Narciso de Laprida, preside el Congreso de Tucumán, que hace la declaración de Independencia. Su abuelo, el coronel Borges, muere heroicamente en la batalla de La Verde.

Pero el antepasado más sorprendente es su tío tatarabuelo, nadie menos que Juan Manuel de Rosas, dictador de 1829 a 1852. Hacendado, exportador de cereales y tasajo, arruina a otros terratenientes patricios como las dos familias de Borges, que conservan el orgullo de su linaje aunque no las antiguas riquezas.

Pero en esa sociedad ganadera dominada por unas cuantas familias descendientes de conquistadores y colonizadores, como en todos nuestros países, la venganza de la Colonia fueron sesenta años de guerras civiles que terminaron al imponerse la supremacía de la ciudad-puerto de Buenos Aires sobre el interior.

La estabilidad llegó hacia 1880, la década que en México vio el triunfo del Porfiriato. Aquí y allá atribuimos ese alivio, después de tantos años inestables y violentos, a nuestro propio mérito, pero en realidad se debió al establecimiento del mercado mundial. El mundo quedó dividido en países productores industriales y países proveedores de materias primas. Por primera vez en la historia un solo sistema se difundió por casi todo el planeta.

Los terratenientes oligarcas asociados al capital inglés impusieron la autoridad y el orden. Se logró la «conquista del desierto», eufemismo para el genocidio de los indios, y al mismo tiempo la política de Sarmiento logró el éxito de las escuelas populares laicas.

Los inmigrantes

Europa encontró en la periferia americana el sitio ideal para vender sus productos y expulsar a su población sobrante en la que se reclutaba el contingente de los movimientos revolucionarios. Argentina necesitaba esta mano de obra para cultivar los cereales y poner en funcionamiento su industria. Al comenzar el siglo ya habían entrado tres millones trescientos mil inmigrantes. En su inmensa mayoría eran pobres y jóvenes, muchos de ellos tenían ideas anarquistas o socialistas. Los «gringos» desplazaron a los gauchos y encontraron un ambiente hostil entre la misma oligarquía criolla que los había invitado a trasladarse a la Argentina.

Los conflictos de adaptación fueron muchos –sus tensiones no dejan de estar presentes en la obra de Borges– pero al fin la inmigración triunfó e impuso su tono, su estilo, su huella, si no al país entero al menos a Buenos Aires, la primera gran ciudad hispanoamericana, a la que Ezequiel Martínez Estrada llamaría en 1942 «la cabeza de Goliat».

El conflicto entre las dos Argentinas –la criolla todavía semifeudal y la inmigratoria que llevaba el germen y el impulso de la modernización– se manifestó durante los veinte en la pugna entre dos visiones de la literatura, simplificada en el enfrentamiento entre el grupo de Florida, la calle aristocrática o nada más oligárquica, y Boedo, el barrio plebeyo. En general, aunque los intercambios abundaron, los primeros eran partidarios de lo que entonces se llamaba «la literatura pura» y los otros, del realismo social.

El racismo y su refutación

Dos datos externos presiden el nacimiento de Borges: la Guerra del 98 y el predominio de la ideología racista. La victoria de Estados Unidos sobre el viejo Imperio español es el comienzo del llamado «siglo estadounidense», destinado a ser también el «siglo de Borges».

El *Ensayo sobre la desigualdad de las razas humanas* del conde de Gobineau inventa una raza «aria» inexistente. *El origen de las especies* de Charles Darwin postula el triunfo del más fuerte. A partir de estos dos libros se desarrolla una pseudociencia, en realidad fetichismo y fraude, para justificar el sistema colonial y la dominación del Norte sobre el Sur.

Tan imaginarios pero tan fuertes como las ficciones son los mapas que sugieren un Norte poderoso y aplastante, y un Sur más bien escuálido. En realidad no hay ni arriba ni abajo, del mismo modo que Occidente es nuestro Oriente y Europa no es una masa continental sino una península asiática pues ningún mar la separa de Asia.

Gustave Le Bon, un teórico de segunda o tercera categoría en Francia, es elevado en nuestro continente al rango de ideólogo oficial. Para Le Bon, el enemigo es el mestizo, que degrada las características de su linaje europeo y por su innata inestabilidad resulta incapaz de agruparse en sociedades y alcanzar un grado de orden y de cultura comparable al occidental.

Le Bon significa un regalo para toda una corriente de pensamiento argentino, encabezada por Sarmiento, que iguala la barbarie con lo indígena y la civilización con los inmigrantes europeos. Argentina llega a considerarse así la excepción en el continente, un país blanco entre naciones mestizas, una isla de Europa incrustada en los confines australes.

Se oculta que esa pseudociencia predilecta de nuestros teóricos positivistas es nada más la exaltación de los arios y considera casi en el mismo nivel de «degeneración» a los europeos del sur mediterráneo. Es decir, a los italianos y españoles que forman la gran masa inmigratoria argentina. No hay una solidaridad de los excluidos, persiste el mar de por medio y, así, Pío Baroja llamará al nuestro «el continente idiota».

Estas ideas no se quedan en los libros, no se limitan a ser parte de la discusión intelectual, serán la base del irracionalismo hitleriano y abrirán el camino de su desenlace inevitable: los campos de exterminio y sus seis millones de muertos.

Entre las ansiedades del otro fin de siglo tiene un lugar preponderante el temor de lo que llamaron el *finis latinorum*. Con la derrota de Francia en 1870 que permitió la unión de las tierras germánicas en la Alemania de Bismarck y con la Guerra del 98, la supuesta raza «latina» ha terminado su función en la historia. El nuevo orden internacional está en manos de los arios que, en dos guerras mundiales, se disputarán la supremacía.

Tales nociones son oscuramente interiorizadas por Borges y adquieren mayor peso por obra inevitable de su ascendencia y formación inglesas. No es fácil ni lineal dilucidar el peso que tienen en él.

Por una parte, nunca se sobrepondrá al desprecio que le inspiran los colonizados. Su desinterés por lo hispanoamericano (con las excepciones de Alfonso Reyes y Pedro Henríquez Ureña) será constante y marchará unido a su desdén de las culturas francesa y española. Por otra, tal vez sin proponérselo, Borges será una de las negaciones más radicales de este pensamiento racista y la refutación contundente de la inferioridad cultural irremediable que charlatanes como Le Bon asignaban a nuestros países.

El otro heroísmo

Borges no elige como lengua literaria el inglés, que aprende con naturalidad desde la cuna, ni el francés, que domina casi en igual medida. Luego de los escritos infantiles, su primer texto publicado es una «Chronique des lettres espagnoles» (1919), escrita con una soltura que no se aprecia en sus páginas juveniles en prosa española.

En la discordia de idiomas y culturas Borges escoge la lengua materna que lo liga a la tierra, a la tradición criolla y a los espectros militares de sus mayores. Un tercer dato del momento en que nace Borges es la renovada exaltación de lo militar como la empresa más alta a que pueda consagrarse un hombre. De allí el triunfo de los deportes y su transformación en espectáculos masivos.

Hay que fortalecer a la nueva generación para librar una guerra que la competencia entre los imperios hace inevitable. Francia quiere vengar la derrota de 1870; Inglaterra, defender su vastísimo imperio; Alemania, ocupar el terreno de sus rivales; Rusia, adueñarse de la Europa central. Y con la derrota zarista de 1905 ha surgido una segunda gran potencia no europea, el Japón, que también por su parte echa por tierra todas las calumnias racistas.

En Borges habrá siempre una nostalgia por los hechos de armas y una culpa por no seguir la tradición bélica de sus ancestros. Ahora nos parecen inexplicables pero tuvieron un influjo determinante en su conducta y en su obra. Su heroísmo no será el que se conquista mediante la muerte de los demás, sino un heroísmo de otra índole mucho más fecunda y admirable: el de un hombre que contra las circunstancias más adversas mantiene su vocación literaria durante setenta años, los últimos treinta dominados por la ceguera, y culmina una obra que es una gran realización personal y al mismo tiempo la victoria que nadie esperaba de la literatura hispanoamericana y de la lengua española.

Los imposibles destinos

Sólo Borges pudo haber sido Borges. Sus otras posibilidades hoy nos parecen irrisorias. Es impensable un Borges militar que durante la presidencia de Yrigoyen conquistara sus grados mediante la represión de los obreros en la Semana Trágica de 1919 y de los trabajadores de la Patagonia en 1921; un capitán Borges participante en 1930 en el golpe militar de Uriburu y que, ya como general, en 1955 derrocara a Perón.

O un Borges de izquierda, que toma conciencia de la injusticia social gracias en parte a la caída económica de su familia, escribe novelas proletarias en los treinta y se hace miembro del Partido Comunista; en los cincuenta gana los premios Lenin y Stalin y, a partir del XX Congreso y la invasión de Hungría en 1956, rompe con sus antiguas ideas, se vuelve del Congreso por la Libertad de la Cultura y escribe con otros excomunistas un libro titulado *El Dios que falló*.

O, entre los infinitos Borges virtuales, otro, que en 1945 encuentra al fin el buscado amor, logra casarse con Estela Canto y para sostenerla tiene que multiplicar sus trabajos de periodista literario, traductor y asistente editorial. Muere en 1970. Al comenzar el siglo XXI sólo unos cuantos saben que ese oscuro personaje escribió *Ficciones* (1944), un libro nunca reeditado pero tan digno de rescate y tan desconocido fuera de la Argentina como *Misteriosa Buenos Aires* de su amigo Manuel Mujica Lainez.

Hay miles y miles de textos sobre Borges, y su intimidad ha sido allanada hasta la exacerbación. No obstante, ni siquiera las biografías exhaustivas al uso contemporáneo (transcriben por ejemplo el menú del barco en que William Faulkner viajó a Europa) pueden encerrar la vida inabarcable de ninguna persona. Por tanto, hay zonas misteriosas como el verdadero motivo del viaje familiar a Europa en 1914. Por fuerte que haya sido el peso argentino y generosa la pensión de retiro anticipado para Jorge Guillermo Borges, no es fácil creer que hayan bastado para que toda una familia pudiera vivir durante seis años en el viejo continente.

La idea del margen y el confín puede extenderse en el caso de Borges en cuando menos otros dos aspectos: su infancia en la biblioteca paterna –entre libros ingleses que le permiten navegar por los mares de los piratas y las selvas de los tigres, sobreponerse a una violencia imaginaria y verbal, mientras afuera, a unos metros de su casa, se despliega el Palermo de los tangos, los duelos a cuchillo y los prostíbulos– y su adolescencia en otro territorio protegido: la Suiza neutral que flota entre la Europa devastada por una guerra como nunca la había visto la humanidad, y en la que sucumbe la generación de Borges y Vladímir Nabókov.

Las dos vanguardias

Lo que en su tiempo se consideró la «Gran Guerra» y ahora sabemos que sólo fue la «Primera», se veía venir desde el fin de siglo. Abundaba la certeza de que iba a ser como las anteriores. La novedad absoluta fue que la ciencia y la tecnología, creadoras del progreso destinado a realizar la utopía del siglo XX, se convirtieron en instrumento de la destrucción. Los contemporáneos de Borges murieron en los frentes en una escala que jamás se había visto. El mismo inventor de los fertilizantes que permitieron alimentar a la población creciente creó el arma aterradora de 1914 y 1918: los gases letales, los mismos que afectaron al cabo Hitler y que él iba a emplear en los campos de exterminio.

Los jóvenes sobrevivientes de la matanza decidieron hacer tabla rasa de una civilización a la que culpaban del gran crimen. Si la vanguardia había empezado ciertamente con el cubismo y el futurismo anteriores a 1910, su década y su campo de acción fueron los años veinte.

Por un momento se creyó en la alianza de las dos novedades absolutas: la vanguardia política –la Revolución soviética– y la vanguardia artístico-literaria. El primer libro que Borges escribió pero no publicó iba a llamarse *Salmos rojos*. La aparición en 1993 de sus *Œuvres complètes* en la Bibliothèque de La Pléiade que lo consagró como clásico de la literatura universal hizo salir de otro margen, otro confín, otro destierro la obra juvenil de Borges y auspició la publicación en español –setenta años después– de los libros condenados por su autor.

El gran impulso se debe, y hay que decirlo, a Jean-Pierre Bernès, pero también es de justicia aclarar que desde 1963 Gloria Videla, Marcos Ricardo Barnatán y Carlos Meneses habían iniciado el rescate de la prehistoria borgeana que por ahora culmina en *Textos recobrados (1919-1929)*, edición de Sara Luisa del Carril.

El primer poema que publicó Borges –«Himno del mar»– se inicia en versículos parecidos a los de su siempre admirado Walt Whitman:

> Yo he ansiado un himno del Mar con ritmos amplios
> como las olas que gritan;
> del Mar cuando el sol en sus aguas cual bandera
> escarlata flamea;
> del Mar cuando besa los pechos dorados de vírgenes
> playas que aguardan sedientas;
> del Mar al aullar sus mesnadas, al lanzar sus blasfemias
> los vientos,
> cuando brilla en las aguas de acero la luna bruñida y
> sangrienta;
> del Mar cuando vierte sobre él su tristeza sin fondo la
> Copa de Estrellas…

Este poema inicial, del que sólo podemos citar un fragmento, es sorprendente porque muestra varias familiaridades de Borges: una, con la poesía de Whitman; dos, con el versículo de la Biblia que leía en la versión King James con su abuela Haslam; tres, con los hexámetros latinos (en Ginebra se había convertido en lector minucioso de Virgilio), y cuarto y más importante, con la versificación española: el autor de «Himno del mar» es un adolescente que emplea con autoridad y naturalidad su lengua materna y ha leído muy bien a José Asunción Silva y a Leopoldo Lugones.

En otros salmos como «Guardia roja» aparecen versos claramente preborgianos como:

> El viento es la bandera que se enreda en las lanzas
> la estepa es una inútil copia del alma...

Durante su estancia en España cerca de los grupos ultraístas y de Rafael Cansinos Assens y Ramón Gómez de la Serna, Borges participa en una carta colectiva con un texto de escritura automática enviado a los dadaístas, e inicia su trabajo de traductor con una muestra de los expresionistas alemanes y otra de los nuevos poetas estadounidenses. Firma en Palma de Mallorca con varios jóvenes del lugar un «Manifiesto del Ultra», y hace ejercicios de prosa vanguardista como «Casa Elena (hacia una estética del lupanar en España)».

El otro Buenos Aires

Al volver a la ciudad natal en 1921 encuentra un Buenos Aires muy distinto tanto del que dejó como del evocado a la distancia en las conversaciones familiares. No muestra interés por esa capital en que se impone la modernidad grata a otros vanguardistas: los rascacielos, el tren subterráneo, las grandes avenidas, los automóviles, los anuncios de neón, los cines, los aviones, las chimeneas industriales. La ciudad que le gusta recorrer a pie y de la que quiere apropiarse en sus poemas es el lugar de las orillas, los barrios que limitan con la llanura.

La patria de su primer libro, *Fervor de Buenos Aires* (1923), parece más bien la «matria», la ciudad en que Leonor Acevedo fue niña y joven, «la casa primordial de la infancia». Es una poesía coloquial, conversada, afín en esto a lo que escriben sus contemporáneos estadounidenses. En ella, junto a lo íntimo y familiar, levanta los primeros cimientos de una mitología habitada por héroes que pueden ser lo mismo sus ancestros militares que los cuchilleros del barrio. La espada de la épica se ha convertido en la daga de las noticias policiales. Borges quiere elevar esta sordidez a una altura mítica. Piensa que ese impulso hace falta porque, desde la novela rusa y el naturalismo, la literatura sólo ha querido hablar de la debilidad y la desdicha humanas, no de la fuerza y el coraje.

Ya en su vejez Borges someterá a una drástica revisión e incluso a supresiones estos poemas de juventud. Dice en el prólogo de 1969 a *Fervor de Buenos Aires*:

> No he reescrito el libro. He mitigado sus excesos barrocos, he limado asperezas, he tachado sensiblerías y vaguedades, y en el decurso de esta labor, a veces grata y otras veces incómoda, he sentido que aquel muchacho que en 1923 lo escribió ya era esencialmente –¿qué significa esencialmente?– el señor que ahora se resigna o corrige [...]. *Fervor de Buenos Aires* prefigura todo lo que haría después.

En efecto, en un poema como «La guitarra» se ha visto un anticipo de «El Aleph».

Luna de enfrente (1925) corresponde a la etapa fugaz en que Borges quiere escribir en argentino: «El general Quiroga va en coche al muere» empieza:

> El madrejón desnudo ya sin una sé de agua
> y la luna atorrando por el frío del alba...

(*Al muere*: a la muerte. *Madrejón*: laguna que deja un río al desbordarse. *Atorrando*: vagando).

Pero también aquí se afirma su dominio del versículo:

> El mar es una espada innumerable y una plenitud de pobreza.
> La llamarada es traducible en ira, todo manantial en fugacidad, cualquier cisterna en clara aceptación.
> El mar es solitario como un ciego...

A pesar de que por entonces Borges milita contra la rima, hay en *Luna de enfrente* un «Manuscrito hallado en un libro de Joseph Conrad». Anuncia de manera extraña la poesía que dictará treinta años más tarde:

En las trémulas tierras que exhalan el verano,
el día es invisible de puro blanco. El día
es una estría cruel en una celosía,
un fulgor en las costas y una fiebre en el llano.

La poesía juvenil concluye a los treinta años con un libro, *Cuaderno San Martín*, que le publicó, con la efigie del Libertador argentino, Alfonso Reyes. El título que hoy suena extraño alude a la libreta usada por los alumnos de primaria.

Escribir y reescribir

Los *Textos recobrados* permiten ver la distancia entre la primera versión en la revista *Nosotros* (1926) y la que aparece en el libro:

¿Y fue por este río con traza de quillango
que doce naos vinieron a fundarme la patria?...

se convierte en:

¿Y fue por este río de sueñera y de barro que las
proas vinieron a fundarme la patria?...

O bien:

Una cigarrería sahumó como una rosa
la nochecita nueva zalamera y agreste...

se vuelve:

Una cigarrería sahumó como una rosa
el desierto. La tarde se había ahondado en ayeres...

La recuperación íntima o la invención poética de Buenos Aires culmina con poemas dedicados a los cementerios de la Chacarita y la Recoleta, al Barrio Norte y al Paseo de Julio, «cielo para los que son del infierno». De 1929 a 1960 Borges publicará recopilaciones pero ningún nuevo libro de poemas. Sin embargo, aunque sea con silencios prolongados, no dejará de escribirlos.

Entre los textos más perturbadores de este intermedio figuran «Two English Poems» (1934). Su autor nunca quiso traducirlos. Se sabe que recurría al inglés en momentos de gran emoción y el hecho de emplear otro idioma le permitía decir lo que tal vez no hubiera expresado en español. Lo que sigue es un intento de traducir lo intraducible. Sólo se justifica por el hecho de haber sido trabajado a lo largo de muchos años:

Dos poemas ingleses

A Beatriz Bibiloni Webster de Bullrich

I

El alba inútil me encuentra en una esquina desierta. He
sobrevivido la noche.
Las noches son olas orgullosas, olas oscuras de pesada
cresta, cubiertas con todos los matices de hondo
estrago, cargadas de cosas improbables, deseables.
Las noches tienen la costumbre de misteriosos dones y
rechazos, de cosas dadas a medias y a medias
retenidas, de goces con un sombrío hemisferio.
Así actúan las noches, te lo advierto.
El oleaje, esa noche, me dejó los jirones y los restos de
siempre: algunos odiados amigos con quienes
hablar, música para los sueños y el humo de
amargas cenizas. Las cosas que no sirven para mi
hambriento corazón.
La gran ola te trajo.
Palabras, unas y otras palabras, tu risa; y tú, tan incesante
e indolentemente bella. Hablamos y has olvidado las
palabras.
El alba hecha añicos me encuentra en una calle desierta
de mi ciudad.
Tu perfil que me esquiva, los sonidos que van a hacer
tu nombre, la cadencia de tu risa: éstos son los
juguetes ilustres que me has dejado.

Los disperso en el alba, los extravío, los encuentro;
hablo de ellos a los pocos perros errantes y a las pocas estrellas errantes del alba.
Tu oscura, fértil vida.
Debo llegar a ti de algún modo: rechazo los juguetes ilustres que me has dejado, quiero tu oculta mirada, tu verdadera sonrisa –la solitaria irónica sonrisa que nada más tu frío espejo conoce.

II

¿Con qué evitar perderte?
Te ofrezco esbeltas calles, ocasos desesperados, la luna de los suburbios carcomidos.
Te ofrezco la amargura de un hombre que ha mirado durante mucho tiempo la Luna solitaria.
Te ofrezco mis antepasados, mis muertos, los espectros que los vivos honraron en mármol: el padre de mi padre, muerto en la frontera de Buenos Aires, dos balas le atravesaron los pulmones, barbado y muerto, envuelto por sus hombres en un cuero de vaca; el abuelo de mi madre –apenas veinticuatro años– encabezando una carga de trescientos jinetes en el Perú, ahora fantasmas en caballos desvanecidos.
Te ofrezco cualquier acierto que pueda haber en mis libros, cualquier hombría o humor que haya en mi vida.
Te ofrezco la lealtad de un hombre que nunca ha sido leal.

Te ofrezco el centro de mí mismo que salvé de algún
  modo –el corazón central que no trata en
  palabras, no trafica con sueños y está intocado
  por el tiempo, por el goce, por las adversidades.
Te ofrezco el recuerdo de una rosa amarilla vista al
  ocaso, años antes de que nacieras.
Te ofrezco explicaciones de ti misma, teorías sobre ti
  misma, auténticas y sorprendentes noticias de ti
  misma.
Te puedo dar mi soledad, mi oscuridad, el hambre
  de mi corazón: estoy tratando de sobornarte con
  la incertidumbre, con el peligro, con la derrota.

El destino sudamericano

Seis años de silencio poético y, a fines de 1940, aparece en *La Nación* «La noche cíclica», otro poema rimado que extrañamente anuncia las composiciones de Borges cuando pierda la vista. Habla del «eterno retorno». A las citas de Grecia y Roma, añade las calles de Buenos Aires. Es un poema incesante que no acaba nunca pues empieza y termina con el mismo verso:

> Lo supieron los arduos alumnos de Pitágoras:
> los astros y los hombres vuelven cíclicamente;
> los átomos fatales repetirán la urgente
> Afrodita de oro, los tebanos, las ágoras.

En 1943, ante el nuevo golpe militar que culminará con el ascenso de Perón al poder, Borges escribe «Poema conjetural», un monólogo dramático a la manera de su admirado Robert Browning. Es decir, un texto en que no habla un «yo» asimilable a la persona del autor sino todo se pone en boca de un hablante que corresponde al personaje de una obra de teatro. En este caso, su antepasado Francisco Laprida, poco antes de su asesinato en 1829, expresa la desazón de un hombre que intentó ser letrado en tiempos de paz y antes de sentir «el íntimo cuchillo en la garganta» reconoce: «Al fin me encuentro / con mi destino sudamericano».

«Poema del cuarto elemento» (1944), también rimado, precede en nueve años a «A un poeta menor de la antología» (1953), «Mateo XXV, 30» (1953) y a «Página para recordar al Coronel Suárez, vencedor en Junín» (*Sur*, 1954), en el que Borges celebra a su bisabuelo y expresa su firme posición antiperonista. Habla de «la sombra creciente del dictador sobre la patria» y concluye:

> Junín son dos civiles que en una esquina maldicen a un
> tirano,
> o un hombre oscuro que se muere en la cárcel.

El último Borges

Un lustro después, cuando Borges está a punto de cumplir sesenta años, inicia la etapa final de su poesía, su verdadera gran obra poética, intraducible por estar casi siempre rimada, la mejor y la más vasta y brillante. Incluye *El hacedor* (1960), *El otro, el mismo* (1964), *Para las seis cuerdas* (1965), *Elogio de la sombra* (1969), *El oro de los tigres* (1972), *La rosa profunda* (1975), *La moneda de hierro* (1976), *Historia de la noche* (1977), *La cifra* (1981) y, su libro final, *Los conjurados* (1985).

Este periodo final, que durará casi treinta años, se inicia en 1958, cuando ya nadie lo esperaba, con algunas de sus mejores páginas poéticas. «Límites» se publicó en *La Nación*, y en *Sur* aparecieron cuatro sonetos: «Una brújula», «Una llave salónica», «Un poeta del siglo XIII» y «Un soldado de Urbina». «Límites» parece una despedida del mundo y la voz que habla en él quiere identificarse con la de su autor. En la lírica de lengua española se había vuelto insólito, para 1958, escribir versos medidos y rimados. Borges tuvo que hacerlos al no poder ver ya lo que escribía. La rima, que antiguamente se utilizó como procedimiento mnemotécnico, le permitió preparar borradores mentales para después dictarlos y corregirlos infinitas veces.

No es sorprendente pues que estos poemas tardaran en encontrar a sus lectores y en dejar ver su novedad dentro de la poesía de Borges. Lejos de ser, como creyeron algunos, un ejercicio retórico o meramente intelectual, «Límites» verbaliza una profunda experiencia humana compartida por todos. Nadie sabe cuáles «sombras, sueños y formas [...] destejen y tejen esta vida». Tampoco qué calle ha recorrido por última vez y a quién, sin saberlo, dice adiós porque no volverán a verse nunca más. Hay casas que siguen allí pero a las que nunca volveremos a entrar, puertas cerradas para siempre, espejos que infinitamente quedarán esperando la imagen que un día reflejaron. Ayer pasó y ha quedado tan perdido como la ciudad de Cartago de la cual los romanos no dejaron piedra sobre piedra.

«Límites» termina con un verso: «espacio y tiempo y Borges ya me dejan», eco del texto más célebre de *El hacedor* (1960), si bien había aparecido tres años antes en la revista *La Biblioteca*:

Borges y yo

Al otro, a Borges, es a quien le ocurren las cosas. Yo camino por Buenos Aires y me demoro, acaso ya mecánicamente, para mirar el arco de un zaguán y la puerta cancel; de Borges tengo noticias por correo y veo su nombre en una terna de profesores o en un diccionario biográfico. Me gustan los relojes de arena, los mapas, la tipografía del siglo XVIII, el sabor del café y la prosa de Stevenson; el otro comparte esas preferencias, pero de un modo vanidoso que las convierte en atributos de un actor. Sería exagerado afirmar que nuestra relación es hostil; yo vivo, yo me dejo vivir, para que Borges pueda tramar su literatura y esa literatura me justifica. Nada me cuesta confesar que ha logrado ciertas páginas válidas, pero esas páginas no me pueden salvar, quizá porque lo bueno ya no es de nadie, ni siquiera del otro, sino del lenguaje o la tradición. Por lo demás, yo estoy destinado a perderme, definitivamente, y sólo algún instante de mí podrá sobrevivir en el otro. Poco a poco voy cediéndole todo, aunque me consta su perversa costumbre de falsear y magnificar. Spinoza entendió que todas las cosas quieren perseverar en su ser; la piedra eternamente quiere ser piedra y el tigre un tigre. Yo he de quedar en Borges, no en mí (si es que alguien soy), pero me reconozco menos en sus libros que en muchos otros o que en el laborioso rasgueo de una guitarra. Hace años yo traté de librarme de él y pasé de las mitologías del arrabal a los juegos con el tiempo y con lo infinito, pero esos juegos son de Borges ahora y tendré que idear otras cosas. Así mi vida es una fuga y todo lo pierdo y todo es del olvido, o del otro.

No sé cuál de los dos escribe esta página.

En ese mismo libro de 1960 se incluye la sección «Museo». Los textos atribuidos a otros autores, como los poemas en inglés, le sirven a Borges para expresarse con la mayor libertad. En «Límites» se encuentra una variante en verso libre que su autor hace firmar a «Julio Platero Haedo». Del supuesto *Diván de Abulcásim el Hadramí* (siglo XII) se toma una condenación de la fama:

El círculo del cielo mide mi gloria,
las bibliotecas del Oriente se disputan mis versos,
los emires me buscan para llenarme de oro la boca,
los ángeles ya saben de memoria mi último zéjel.
Mis instrumentos de trabajo son la humillación y la angustia;
ojalá yo hubiera nacido muerto.

También se encuentra el más breve y célebre poema amoroso de Borges, firmado por Gaspar Camerarius:

Yo, que tantos hombres he sido, no he sido nunca
aquel en cuyo abrazo desfallecía Matilde Urbach.

El «Poema de los dones» lamenta, con intensidad pero sin autoconmiseración, el hecho de haber llegado a director de la Biblioteca Nacional sólo cuando ya le fue imposible leer:

Nadie rebaje a lágrima o reproche
esta declaración de la maestría
de Dios, que con magnífica ironía
me dio a la vez los libros y la noche.

Borges celebró sus setenta años en 1969 con *Hojas de hierba*, su excelente versión de Walt Whitman, y con *Elogio de la sombra*, en donde los poemas rimados coexisten con los versículos que reúnen la fluidez de la prosa y la concentración del verso, las milongas y un equivalente español de la *ruba'i*, la cuarteta persa de Omar Jayam (su padre tradujo *El Rubaiyat*). Algunos sonetos son variaciones de sus temas, reescritos desde otro ángulo. Por ejemplo, «Laberinto» es el equivalente lírico de su cuento «La casa de Asterión».

En un género ya característicamente borgiano que él se limita a llamar «prosas», a medio camino entre el poema en prosa y el microcuento, Borges presenta dos ejemplos extraordinarios: «Pedro Salvadores» y «Una oración», crítica tanto del padrenuestro como del *«non omnis moriar»*, el «no moriré del todo», vana esperanza de tantos poetas. Borges dice no al otro mundo y a la fama póstuma: «Quiero morir del todo; quiero morir con este compañero mi cuerpo». Tiene clara conciencia de lo que ha hecho pero carece de toda pretensión al respecto: «Que otros se jacten de las páginas que han escrito; a mí me enorgullecen las que he leído».

En los libros finales de Borges, escritos desde la perspectiva antes inalcanzable de la ceguera y de la vejez, hay una renovación que parecía imposible de las formas clásicas, haikús, tankas y también epigramas que no habían aparecido en su obra, y una musicalidad en que el verso español suena como nunca antes había sonado. Los libros, los autores, los nuevos lugares conocidos en sus viajes y hasta acontecimientos como la Guerra de las Malvinas (1982) hacen que estos libros postreros sean un enriquecimiento y no una simple reiteración de su poesía.

Ante el conflicto que marcó el fin de los regímenes militares en Argentina y propició el regreso de la democracia, al tiempo que cerró la era del combate heroico –inútil ante los avances de la tecnología–, Borges adopta una actitud pacifista y lamenta que en la disputa por las islas hayan muerto «Juan López» y «John Wart», dos muchachos que hubieran sido amigos y se vieron obligados a ser al mismo tiempo Caín y Abel.

Del Borges poeta como del prosista, se puede decir sin cambiar una palabra lo mismo que T. S. Eliot afirmó de Mark Twain: «Es uno de esos contados escritores, escasos en cualquier literatura, que descubrieron una nueva manera de escribir, válida para ellos mismos y para los demás [...]. Pusieron al día su lenguaje y, al hacerlo, purificaron el lenguaje común».

Borges, Henríquez Ureña, Reyes y la utopía de América

El 7 de mayo de 1981, los restos de Pedro Henríquez Ureña fueron trasladados de Buenos Aires a Santo Domingo. Borges intentó decir unas palabras que se vieron interrumpidas por el llanto. Alcanzó a expresar que Argentina se portó tan mal con Henríquez Ureña que ni siquiera le permitió la titularidad como profesor. Unos años antes Ernesto Sabato había escrito que su país lo trató tan mal como si hubiera sido argentino. Debemos reconocer que también aquí le dimos trato de mexicano, pero nadie ha logrado destruir los cimientos que dejó para siempre.

Pedro Henríquez Ureña nació en Santo Domingo y fue hijo de Francisco Henríquez, médico, abogado y presidente de la República, y la escritora Salomé Ureña que fundó la primera escuela de enseñanza superior para la mujer. Estudió en Nueva York, en México fue el maestro de su propia generación, el Ateneo de la Juventud, y en 1909, a los veinticinco años, escribió: «Nuestra literatura hispanoamericana no es sino una derivación de la española [...]. Sólo cuando logremos dominar la técnica europea podremos explotar con éxito nuestros asuntos».

Ese dominio exige, en primer término, conocer el español, vínculo incomparable que une a nuestros países. Y dedicó tanto esfuerzo al estudio de la gramática como al rescate de la tradición clásica castellana. Puso las letras grecolatinas en la plaza pública. Valoró a los grandes escritores de Hispanoamérica y nos dio la primera noción orgánica de una literatura hispanoamericana. Para él una tragedia griega y una novela de Jane Austen eran objetos tan dignos de admiración y estudio como los romances populares y las leyendas folclóricas.

El privilegio de adquirir la cultura impone el deber correlativo de distribuirla por medio de la enseñanza, la conferencia, el libro, la revista, el periódico. El libro fue su instrumento predilecto. Todas las colecciones de clásicos, las antologías, las historias literarias, los textos panorámicos que se han hecho después responden a su idea inicial. Henríquez Ureña está presente desde los «clásicos verdes», que editó José Vasconcelos como secretario de Educación, hasta el Fondo de Cultura Económica y Siglo XXI; desde las Cien Obras Maestras de Losada hasta las traducciones modernas hechas por *Sur*. Su significación está aún por reconocerse. Tampoco se ha visto su importancia en el periodismo literario. Le impuso niveles de rigor comparables al trabajo académico y se manifestó en contra de lo que llamó el «impresionismo» y la hojarasca pseudolírica que sustituye al deber de documentarse y reflexionar.

De México a La Plata

Tres años duró la breve edad de oro mexicana que José Vasconcelos presidió bajo el gobierno de Álvaro Obregón. En 1924 todo lo construido pareció desintegrarse y México entró en uno más de sus periodos de violencia y guerra civil. Henríquez Ureña se vio obligado a concluir su segunda y última estancia mexicana en la que acababa de formar a muchos de los jóvenes de 1915, algunos de los cuales pertenecieron al grupo llamado de los Siete Sabios, y a un adolescente, Salvador Novo, parte de otra promoción, los Contemporáneos.

En 1921 Henríquez Ureña conoció a un estudiante argentino, Arnaldo Orfila Reynal, llegado a México en la delegación de su país a las fiestas del centenario de la Independencia. Tres años más tarde Orfila Reynal ayudó a conseguir para Henríquez Ureña un puesto en la Universidad de La Plata y el maestro dominicano se quedó en Argentina hasta su muerte, en 1946.

Primeras Inquisiciones

A la llegada de Henríquez Ureña, Borges tenía veinticinco años, publicaba con Ricardo Güiraldes la revista *Proa* y acababa de dar a conocer, en edición del autor y en unos cuantos ejemplares, su segundo libro de poemas, *Luna de enfrente*, y su primer tomo de ensayos, *Inquisiciones*.

Sólo después de muerto Borges se reimprimió este libro inicial en prosa. Una extraña prosa barroca en que pugnan por conciliarse elementos tan dispares como el conceptismo quevedesco, el criollismo argentino y el vanguardismo en tres de sus vertientes: la expresionista, la ultraísta y la derivada de las *greguerías* de Gómez de la Serna. Sobre todo, esta mescolanza era una imitación de un «raro» de la literatura española: Rafael Cansinos Assens.

Cansinos Assens sobrevivió (en ambos sentidos) como traductor de Dostoievski, Goethe y *Las mil y una noches* para la editorial Aguilar. Sus libros de prosa arcaizante estaban olvidados hasta que en 1982 comenzaron a difundirse sus memorias, *La novela de un literato*.

Para el joven Borges este autor encarnó durante un tiempo «toda la literatura». Vio en él la posibilidad de una forma insólita de vida: la de un hombre que consagra su existencia entera a escribir, sin buscar lucro, aplauso ni recompensa. Si el modelo estilístico no fue el mejor, de Cansinos Assens Borges tomó su interés perdurable por las culturas árabe y judía y una curiosidad sin límite hacia las letras europeas.

La sintaxis de los efectos

Henríquez Ureña percibió en las primeras *Inquisiciones* algo que las distingue entre los millares de títulos que se imprimen y olvidan año tras año. En la *Revista de Filología Española* llamó la atención sobre los trabajos acerca de Quevedo y Torres Villarroel. Apuntó:

Tiene Borges la inquietud de los problemas de estilo; el suyo propio lo revela: a cada línea se ve la inquisición, la busca o la invención de la palabra o el giro mejores, o siquiera de los menos gastados. No siempre acierta. Estilo perfecto es el que, con plenitud expresiva, oculta las inquisiciones previas; es de esperar que Borges aprenda a quitar sus andamios y alcance el equilibrio y la soltura.

El 2 de julio de 1927 llegó a Buenos Aires Alfonso Reyes (1889-1959) como ministro de México en Argentina. Tal vez Reyes y Borges se habían conocido en alguna de las tertulias madrileñas. Lo cierto es que unos días antes de su llegada Borges comentó *Reloj de sol* en la revista *Síntesis*:

> Gratísimo libro conversado es éste de Reyes, sin una palabra más alta que la otra y cuyo beneficio más claro es el espectáculo de bien repartida amistad que hay en su cuarentena de apuntes. Reyes es practicador venturoso de esa virtud de virtudes: la cortesía, y su libro está gobernado por ese mérito. Reyes es fino catador de almas, es observador benévolo de las distinciones insustituibles de cada yo. De tan bien conversamos de sus amigos, nos amiga con ellos. Desde luego, más prudente es frecuentar las noticias que Reyes nos transmite sobre Valle-Inclán que los orondos y pendulares párrafos de éste.

El ataque gratuito a Valle-Inclán es un rasgo del antiespañolismo de Borges que se desenvolvió paralelo a su antimexicanismo hasta los años setenta. Se transformó entonces en declaraciones de amor y viajes frecuentes a España y a México.

La historia de la literatura abunda en amistades efímeras y traiciones sin nombre. Pocas veces se ha visto una gratitud y una fidelidad más ejemplares que las de Borges: en verso, en prosa, en mil entrevistas, declaró a Reyes el más grande prosista de la lengua española, el primer hombre que lo tomó en serio como escritor, el maestro cordial que lo guio en el camino hacia la plenitud literaria.

Reyes fue hijo de un personaje que debe de haber resultado fascinante para Borges. El general Bernardo Reyes, que combatió a los franceses y a los apaches, dominó militar y políticamente el Norte, auspició el desarrollo industrial de Monterrey y pareció llamado a sustituir a Porfirio Díaz. No quiso enfrentarse con él. Perdió la gran popularidad que había alcanzado (muchos de los reyistas se convirtieron en maderistas y participaron en la Revolución de 1910). Después cayó del poder a la vergüenza de alzarse en armas y rendirse a solas ante su antiguo caballerango y, como en un texto de Borges, murió en una carga suicida de caballería contra el Palacio Nacional en la contrarrevolución de 1913.

La tragedia del general inspiró en su hijo horror hacia la política y hacia toda solución violenta. El joven que a los veintiún años había publicado un brillante libro de ensayos, *Cuestiones estéticas*, en su exilio español se convirtió en un gran periodista literario y autor de los cuentos ensayísticos recopilados en *El plano oblicuo* que, en cierto modo, se anticipan a los de Borges.

Acaban de aparecer *La máquina de pensar y otros diá-*

logos literarios entre Reyes y Borges, recopilación y nota preliminar de Felipe Garrido; *Jorge Luis Borges y Alfonso Reyes* de Amelia Barili; una compilación de textos sobre *Alfonso Reyes en Argentina*, hecha por Rafael Centeno, Graciela Gliemmo y Zoé Robledo y coordinada por Eduardo Robledo Rincón, así como *Borges y México* de Miguel Capistrán. Son trabajos de consulta, indispensables para reconstruir este vínculo. Borges insiste en que Reyes «ha escrito la prosa más admirable de la lengua castellana», y en que su ejemplo y su amistad lo ayudaron a encontrar una nueva prosa. En cambio, de Henríquez Ureña dice que fue un «gran hombre» pero más memorable por su palabra oral que por su palabra escrita. La gratitud hacia Reyes parece haber difuminado en Borges su más que probable deuda con Henríquez Ureña. En 1960, a solicitud de Orfila Reynal, Borges escribió el prólogo a la *Obra crítica* recopilada por Emma Susana Speratti Piñero. Allí exalta su función: «Maestro es quien enseña con el ejemplo una manera de tratar con las cosas, un estilo genérico de enfrentarse con el incesante y vario universo [...]. Su imagen, que es incomunicable, perdura en mí y seguirá mejorándome y ayudándome».

El libro de arena

Sin duda Borges llegó a ser Borges por su genio y su capacidad de trabajo. De todos modos el encuentro con Reyes y Henríquez Ureña en el Buenos Aires de los veinte fue decisivo.

Para Borges la literatura es el libro de arena sin principio ni fin. El número de sus páginas es infinito. Ninguna es la primera, ninguna la última. Se trata de una labor colectiva en que cada obra de un individuo supone e incluye el esfuerzo de muchas personas y a la vez prepara los libros que vendrán, las páginas escritas por quienes no han nacido todavía.

Emir Rodríguez Monegal fue quizá el primero en darse cuenta de que la obra de Borges publicada hasta 1955 es:

> toda una literatura, con su pluralidad de géneros, desde la lírica hasta la fabulación metafísica; con sus evidentes periodos, desde la renovación ultraísta del 20 hasta la fantasía arqueológica de hoy; con sus corrientes opuestas y hasta excluyentes, desde el versolibrismo del comienzo hasta el neoclasicismo de los últimos poemas. Una literatura que tiene su propia retórica y estilística, una metafísica que le da una unidad y convierte una obra en apariencia fragmentaria en un todo coherente, un estilo inconfundible y hasta sus apócrifos. Una literatura que a pesar de su variedad revela la unidad del ser de Borges, su creador y su tema secreto.

Después de tratar a Borges durante cuatro décadas y leer toda su obra oculta en las hemerotecas (parcialmente rescatada en *Ficcionario*, 1985; *Textos cautivos*, 1986; *Borges en la* Revista Multicolor, 1996; *Borges en* Sur, 1999), Rodríguez Monegal publicó en 1978 su *Borges: una biografía literaria*. En el capítulo «El don de la amistad» examina lo que dieron a Borges Macedonio Fernández, Güiraldes, Xul Solar, las hermanas Victoria y Silvina Ocampo, el poeta Carlos Mastronardi, el novelista Eduardo Mallea. Atribuye a Henríquez Ureña el descubrimiento de su gran amigo Reyes para los jóvenes poetas argentinos y cita *Un ensayo autobiográfico*, donde Borges insiste en que Reyes es el mejor prosista de la lengua castellana y en que aprendió de él «a ser directo y sencillo».

La revolución literaria

Ni Borges ni Rodríguez Monegal podían haber visto este encuentro bajo la claridad que nos proporcionan el tiempo transcurrido y el conocimiento acumulado hasta este centenario. A partir de su frecuentación de Reyes y Henríquez Ureña, Borges escribe una prosa distinta y algunos años más tarde emprende la redacción de cuentos que son ensayos y ensayos que son cuentos, tentativa que ya había hecho Reyes tanto en *El plano oblicuo* como en *Retratos reales e imaginarios*, para citar sólo dos ejemplos.

La mayor afinidad entre los tres, sobre la cual no cabe hablar en términos de influencias sino de intercambios, radica en la voluntad de renovar la literatura española a partir de ejemplos anglosajones, renovación que sólo podía ser fecunda si se alimentaba en el molde hispánico. La Contrarreforma había separado las dos culturas pero no impedido que la gran novelística inglesa naciera del *Quijote*.

Todo es intercambio. Si el Siglo de Oro nace cuando España se apropia de la poesía italiana y el modernismo brota del encuentro creador con la poesía francesa, la nueva narrativa y el nuevo ensayo en nuestra lengua se deben en buena parte a la asimilación de las lecturas inglesas que Borges hizo para nosotros como escritor, lector y traductor.

Sus admiraciones más perdurables –Stevenson, Kipling, Chesterton, Wilde, Wells, Henry James– coinciden exactamente con la lista que, en México y antes de 1910, dio Henríquez Ureña como lecturas obligatorias a sus compañeros y discípulos del Ateneo. Los libros iniciales de Reyes, Martín Luis Guzmán y Julio Torri dan testimonio irrefutable al respecto. Se alegará que eran los autores de moda cuando Borges comenzó a leer de niño en la biblioteca inglesa de su padre. Es cierto y no obstante la coincidencia sigue allí.

El auge del cuento en las literaturas argentina y mexicana tiene entre sus causas la común admiración hacia Rudyard Kipling. Kipling fue el maestro de Horacio Quiroga. Cuando Henríquez Ureña se lo descubrió a José Vasconcelos, este otro gran narrador, enemigo de la novela como Borges, decidió escribir sus propios cuentos «a la Kipling» (*La sonata mágica*) y hacer cuanto estuviera a su alcance para propagar el género entre los escritores de nuestro país. Medio siglo después, en 1970, Borges escribió en *El informe de Brodie*: «cuentos directos» a la manera de las «lacónicas obras maestras de Kipling».

Las coincidencias podrían extenderse al interés compartido por las nuevas artes como el cine y la radio (Reyes y Borges escribieron guiones y notas de cine) y el temprano rechazo a aceptar la división entre arte culto y arte popular. Uno y otro serán fanáticos de la novela policial y harán poemas basados en las composiciones folclóricas de sus tierras.

En *Continente vacío* de Novo, en las *Memorias* de Daniel Cosío Villegas y en la *Correspondencia* publicada por José Luis Martínez, consta la obsesiva y fecunda labor socrática de Henríquez Ureña en el sentido de exigir a los miembros de su círculo la práctica constante de una prosa cada vez más simple, clara, fluida y exacta. Ya que Henríquez Ureña era quince años mayor que Borges y tenía el prestigio de su magisterio sobre dos generaciones mexicanas, es probable que el joven escritor argentino haya sido también beneficiario y víctima de este entrenamiento, tan riguroso que casi invariablemente culminó en la ruptura de los discípulos con el maestro.

Pero inseparable del trabajo sobre la prosa es el mundo de ideas que Henríquez Ureña comunicó a sus amigos de Buenos Aires, ideas que sesenta años más tarde vimos encarnadas y cumplidas en la obra y la persona de Borges. Esta lectura de Henríquez Ureña no la hicieron posible hasta 1968 Rafael Gutiérrez Girardot y Ángel Rama gracias a su edición de *La utopía de América* para la Biblioteca Ayacucho de Caracas.

En 1928 Henríquez Ureña publicó *Seis ensayos en busca de nuestra expresión*, que se abre con la conferencia «El descontento y la promesa», leída en Buenos Aires en 1926. Allí revisa todos los intentos de lograr la independencia literaria hispanoamericana, todos los conflictos entre los imitadores europeístas y los buscadores de lo nacional y de lo autóctono, todas las tentativas de encontrar una expresión original y propia dentro del idioma español irrenunciable. Todo el «confuso laberinto», en fin, de nuestras aspiraciones literarias.

Henríquez Ureña concluye:

> no hay secreto de la expresión sino uno: trabajarla honradamente, esforzarse en hacerla pura, bajando hasta la raíz de las cosas que queremos decir; afinar, definir con ansia de perfección. El ansia de perfección es la única norma. Contentándonos con usar el ajeno hallazgo, del extranjero o del compatriota, nunca comunicaremos la revelación íntima; contentándonos con la tibia y confusa enunciación de nuestras intuiciones las desvirtuaremos ante el oyente y le parecerán cosa vulgar. Pero cuando se ha alcanzado la expresión firme de una intuición artística, va en ella, no sólo el sentido universal, sino la esencia del espíritu que la poseyó y el sabor de la tierra de que se ha nutrido.

El infierno y la utopía

Un año antes, para los estudiantes de La Plata, Pedro Henríquez Ureña había escrito «La utopía de América», texto desconocido antes de su rescate por Rama y Gutiérrez Girardot. La utopía de Henríquez Ureña es la unidad política de nuestra América, que sólo puede parecer utópica a «la cortedad de visión de nuestros hombres de Estado». Es la única esperanza de paz entre «el infierno social» que atravesamos. Dentro de ella

> el hombre deberá llegar a ser plenamente humano, dejando atrás los estorbos de la absurda organización económica en que estamos prisioneros y el lastre de los prejuicios morales y sociales que ahogan la vida espontánea; a ser, a través del franco ejercicio de la inteligencia y la sensibilidad, el hombre libre, abierto a los cuatro vientos del espíritu.

En nuestras tierras «el brazo de la espada» sólo ha multiplicado los dolores que «la codicia y la soberbia infligen al débil y al hambriento». Por eso, insiste Henríquez Ureña:

> si lo único que hacemos es ofrecer suelo nuevo a la explotación del hombre por el hombre (y por desgracia, ésa es hasta ahora nuestra única realidad), si no nos decidimos a que ésta sea la tierra de promisión para la humanidad cansada de buscarla en todos los climas, no tenemos justificación [...].
>
> Nuestra América se justificará ante la humanidad del futuro cuando, constituida en magna patria, fuerte y próspera por los dones de la naturaleza y por el trabajo de sus hijos, dé el ejemplo de la sociedad donde se cumple «la emancipación del brazo y de la inteligencia» [...].

> El hombre universal con que soñamos, a que aspira nuestra América, no será descastado: sabrá gustar de todo, apreciar todos los matices, pero será de su tierra [...]: en el mundo de la utopía no deberán desaparecer las diferencias de carácter que nacen del clima, de la lengua, de las tradiciones; pero todas esas diferencias, en vez de significar división y discordancia, deberán combinarse como matices diversos de la unidad humana. Nunca la uniformidad, ideal de imperialismos estériles; sí la unidad como armonía de las multánimes voces de los pueblos.

La búsqueda de nuestra expresión mediante la literatura fue para Henríquez Ureña el intento de realizar la naturaleza utópica no sólo de América, sino del ser humano. La utopía de América será la conciliación de lo autóctono y lo universal; es decir, la realización del ser humano libre, el ser no enajenado.

En Borges y algunos otros escritores del Nuevo Mundo ha empezado a cumplirse la utopía que trazó Henríquez Ureña como única alternativa contra la barbarie, en todas sus manifestaciones de injusticia y violencia, que nos cercan hoy como nunca al empezar el nuevo siglo.

La utopía de América se ha realizado en su literatura. Es preciso extenderla a todas nuestras actividades.

La otra enciclopedia de Borges

Los veintinueve volúmenes de la *Encyclopædia Britannica* en su undécima edición (1910-1911) fueron la suma del conocimiento alcanzado hasta la víspera de la Primera Guerra Mundial, la obra que Aldous Huxley llevaba consigo para leer de corrido en sus viajes y una de las fuentes que Borges utilizó para sus primeros cuentos y algunas de sus notas literarias en la *Revista Multicolor* y en *El Hogar*.

De joven todas las noches iba a la Biblioteca Nacional. Como su timidez le impedía solicitar libros, tomaba de la sección de referencia cualquier tomo de la *Britannica* y buscaba un artículo que le interesara. En 1929, gracias al premio que obtuvo por *Cuaderno San Martín*, pudo comprarse una undécima edición de segunda mano. Rodríguez Monegal advirtió en 1973 que la *Encyclopædia Britannica* le sirvió a Borges como estructura literaria y modelo estilístico.

Darnos lo que no tuvimos

Hay otra enciclopedia de Borges, dispersa en cientos de notas y ensayos y en libros que escribió a solas y con sus amigas y amigos. Es su obra de crítico, traductor y editor sin la cual no se explicarían el poeta, el cuentista y el ensayista que cambió en forma decisiva las letras del siglo XX.

Borges nos dio, al menos por lo que hace a la literatura, el siglo XVIII que no tuvimos, obsesión secreta de varias generaciones. La misma cultura que con elementos orientales fundó en Europa el arte de contar, gracias a *El conde Lucanor*, y con el *Quijote* creó la novela moderna, tuvo, a diferencia de Francia e Inglaterra –y por culpa de la intolerancia y los inquisidores– una Ilustración muy pobre y un romanticismo que no se compara con lo que escribieron alemanes, franceses, ingleses, italianos y rusos. Esta pobreza se agravó en su imperio de ultramar a causa de la expulsión de los jesuitas en 1767. A partir de entonces las nuevas ideas sólo entraron de contrabando en nuestras tierras. Unida al hecho de que las culturas precolombinas florecieron sin relación aparente con el resto del mundo, tal circunstancia no ha llevado a los hispanoamericanos a suponer ilegítimo el aprovechamiento de lo que pertenece a todos.

De la vanguardia a la posmodernidad

El poeta inglés Philip Larkin se vanagloriaba de no leer sino lo escrito en su país, de no interesarse en otras culturas y no salir nunca de la Gran Bretaña. Todo lo contrario de Borges, que vio en nuestra miseria cultural una infinita posibilidad de riqueza: serán nuestras todas aquellas obras, ideas, estilos de que sepamos apropiarnos. Del calumniado siglo XVIII español Borges recogió la idea, tan presente en Feijoo y Jovellanos, de que ningún tema es extranjero, todo debe someterse a crítica y análisis y ha de ser divulgado y compartido. «Nada puede sernos ajeno», decía Reyes, «sino lo que ignoramos».

Federico de Onís observó que caracterizan a la literatura hispanoamericana su capacidad de sintetizar, asimilándolas, tendencias literarias que en Europa son sucesivas e incompatibles. El mismo Borges que en 1921 lleva a Argentina la vanguardia a partir de los años cuarenta inicia sin saberlo lo que hoy llamamos «posmodernidad»; rompe las fronteras entre arte culto y arte popular, creación y crítica, escritura y lectura, originalidad e imitación.

El Borges que inspira a la vanguardia narrativa, intelectual y cinematográfica en Europa y en todas las Américas lanza en 1967 el primer manifiesto irónico y paródico de lo que ha llamado Paz «el ocaso de la vanguardia»: las *Crónicas de Bustos Domecq*, escritas en colaboración con Adolfo Bioy Casares, constituyen una pedrada en el espejo narcisista de la modernidad, en el preciso momento de la nueva novela, de los *happenings* y el *pop art*.

Borges se vuelve el escritor más fotografiado y entrevistado del mundo, pulveriza la noción del «creador», del «artista original» y muestra el revés del tapiz literario como un tejido de textos engendrados por otros textos que a su vez producen nuevos textos.

Escribir es plagiar, a conciencia o sin proponérselo. La única expiación de este robo interminable, comenzado hace treinta mil años, es inventar autores que no existen y atribuirles lo que no escribieron.

Lo que no cuenta es contar

Si la actual narrativa en ambas orillas del idioma se debe en buena parte a la asimilación de las literaturas inglesas que como escritor, lector y traductor Borges logró para nosotros, no es menos cierto que hay pocos intelectuales tan hispánicos como este anglófilo.

Más allá de su confesada filiación quevedesca, se insinúan otras afinidades secretas. Todo gran escritor crea sus precursores, apuntó Borges a propósito de Kafka. El primero de los suyos sería fray Antonio de Guevara, el secretario de Carlos V y autor del *Libro áureo del emperador Marco Aurelio*, lleno de citas falsas, erudición paródica, autores imaginarios, personajes fabulosos, anécdotas apócrifas. Durante mucho tiempo se le negó la seriedad de tratadista a Guevara. Hoy lo vemos como lo que fue: un narrador de ficciones borgianas y nabokovianas.

No hay en apariencia autor más opuesto a él que Unamuno. Pero al empezar el siglo XX las «nivolas» de

Unamuno y las «antinovelas» de Azorín resultan el primer alejamiento formal de los modos de representación postulados por el naturalismo. En este sentido se acercan a los cuentos de Borges. En sus primeros escritos, afirma, quiso imitar las «fealdades» que le atraían de Unamuno. En 1933, por su parte, Unamuno dice que cuando habla de un «lector» muchas veces piensa concreta e individualmente en Borges.

El laberinto de ecos, reflejos y contradicciones no acaba nunca: el maestro argentino del último resplandor antinovelístico de la vanguardia francesa y estadounidense fue, paradójica y complementariamente, el que declaró con Bioy Casares que el mayor agrado de las letras es el narrativo y el propósito esencial de escribir ficción es contar cuentos. *El informe de Brodie* (1970) se anticipó a lo que iba a ser la gran resurrección posvanguardista de la narratividad.

Extremos de América

La Primera Guerra Mundial en su repercusión argentina encerró a la familia de Borges en Ginebra y provocó el nacimiento de Julio Cortázar en Bruselas. La Segunda, comenzada en España en 1936, aisló a América de su eterna proveedora cultural europea y la benefició con el exilio, doloroso para ellos, de los intelectuales. Al quedar prácticamente arrasada la industria editorial española, Argentina y México surgieron como las grandes potencias del idioma en el campo de los libros.

Hubo una tácita repartición del trabajo. Las casas mexicanas, sobre todo el Fondo de Cultura Económica en los años en que lo dirigió Arnaldo Orfila Reynal, se dedicaron, con el gran aporte español, al terreno de las ideas; las argentinas, a la literatura.

Por supuesto en México se publicaron grandes obras literarias (la antología *Laurel* es el mejor ejemplo) y en Buenos Aires muchos libros de filosofía y ciencias sociales. Pero la tarea sistemática de traducción narrativa, poética, dramática y ensayística fue en primer término dominio argentino. Sin aquel auge editorial de Buenos Aires tal vez no hubiera habido Borges. Ahora hemos vuelto a la situación anterior a 1936; los libros en castellano son en primer término los libros españoles y nuestros países no han logrado crear una red eficaz de distribución y tienden a producir sólo para el consumo interno.

Sur, la revista de Victoria Ocampo, Borges, José Bianco y muchos otros, preparó el terreno y fue el centro que guio directa o indirectamente a las editoriales bonaerenses. Borges es el núcleo y la justificación última de *Sur*, revista en la que colaboró durante medio siglo, a la que dio sus mejores cuentos y poemas, así como una incomparable labor de notas y reseñas (*Borges en Sur*, 1999).

La aparición de «Biorges»

Todo cambió cuando por causa de la guerra los editores españoles salieron de Madrid y Barcelona para trasladarse a México y a Buenos Aires. La colaboración y el intercambio con los escritores locales fueron inmediatos. En 1938, el mismo año en que empezó a escribir los cuentos que lo convirtieron en Borges, apareció en la nueva editorial Losada su traducción de *La metamorfosis* de Kafka. (En los últimos años Borges negó su autoría y atribuyó a su madre doña Leonor las versiones de Faulkner y Virginia Woolf firmadas por él. Puede ser otra broma como la de afirmar que primero leyó el *Quijote* en inglés. Julio Ortega ha encontrado la fuente de este sarcasmo en Lord Byron, que dijo leer a Shakespeare en italiano). Para ver de qué tamaño fue la influencia de este libro, estímulo de Borges sobre quienes iban a ser los narradores de los años sesenta, García Márquez confiesa que decidió ser novelista cuando leyó *La metamorfosis* traducida por Borges.

Aún más profundo y dilatado ha sido el impacto de la *Antología de la literatura fantástica* (1940) que compiló con Bioy Casares y Silvina Ocampo. Los tres hicieron también una *Antología poética argentina* (1941) que, a diferencia de la otra, nunca volvió a imprimirse.

1942 y 1943, los años de *El jardín de senderos que se bifurcan* y *Poemas, 1922-1943*, contemplaron la aparición de «Biorges», el escritor formado por la colaboración entre Borges y Bioy Casares. Hicieron *Seis problemas para don Isidro Parodi*, que desde el nombre revela su intención de parodiar tanto el amado género policial como la pretensión de independizarse de España al punto de escribir en un idioma propio; la primera antología de *Los mejores cuentos policiales* e iniciaron en la nueva editorial Emecé dos colecciones.

La primera, La Puerta de Marfil (la puerta por donde entran las fantasías, según la *Odisea*), estuvo dedicada a Joseph Conrad, aunque se incluyeron otros autores menos afortunados y muy dignos de lectura como Arthur Machen; la segunda, El Séptimo Círculo (la parte del infierno que Dante reserva a los violentos), se consagró a la novela policial. Nicholas Blake, John Dickson Carr, Michael Innes, James M. Cain coexistieron con Charles Dickens, Chéjov, Wilkie Collins, Graham Greene. Por primera vez desde fines del siglo XIX se rompió el muro divisorio entre novela de masas y novela de élite. No hay forma de medir estas cosas pero es de suponerse que la lectura de la novela policial, tan rigurosamente construida, provocó que en Hispanoamérica ya nunca más volvieran a publicarse (o a tomarse en serio) como ejemplos del género los libros desmedidos, mal planeados y proliferantes que Henry James llamó «monstruos informes».

De Quevedo a Kafka

Aún más influyentes y dignas de eterna recordación son otras colecciones de Emecé como los Libros y los Cuadernos de la Quimera. Si bien su director fue Eduardo Mallea, en estas series se reconoce a primera vista el gusto de «Biorges» y el nivel prosístico que impusieron las traducciones, algunas de ellas en sí mismas clásicas como *Otra vuelta de tuerca* (Henry James), en versión insuperable de José Bianco. Kafka reapareció en las dos series, al lado de Hawthorne, Defoe, Meredith,

Melville, Hardy, Wilde y Wilder. Dominaron los ingleses y estadounidenses pero también hubo espacio para Pushkin, Baudelaire, Julien Green y españoles como Francisco Ayala con su mejor relato, *El hechizado*.

Incluso en una tercera serie, Biblioteca Emecé de Obras Universales, la huella de «Biorges» está presente en libros como *Sartor Resartus* (Carlyle), *Pragmatismo* (William James), *El mayorazgo de Ballantrae* (Stevenson), los cuentos japoneses de Lafcadio Hearn y los ensayos de Wilde en la misma versión que veinte años atrás había publicado en Madrid otro gran traductor, Ricardo Baeza.

La obsesión narrativa de «Biorges» no canceló sus excelentes versiones poéticas, sobre todo en los números monográficos que *Sur* consagró a las letras de Inglaterra y Estados Unidos. Para los Clásicos de Emecé seleccionaron ejemplarmente un volumen de *Poesía y prosa* de Quevedo e intervinieron como traductores y prologuistas en otra serie famosa que se vendía de puerta en puerta en los cuarenta y ha resucitado Océano: los Clásicos Jackson. Para ellos prepararon una antología de ensayistas ingleses y Borges tradujo y prologó a Emerson y a Thoreau.

Cielo e infierno

Una segunda antología de *Cuentos policiales*, otra de *Cuentos breves y extraordinarios*, a la que debemos el auge en nuestros países del minicuento, la reedición aumentada de la *Literatura fantástica* (con textos de Elena Garro, Bianco y H. A. Murena) y un *Libro del cielo y del infierno* prosiguen la obra conjunta de «Biorges». Pero tal vez sus colaboraciones más importantes sean las *Crónicas* y los *Nuevos cuentos de Bustos Domecq*, los otros relatos paródicos, *Un modelo para la muerte*, *Dos fantasías memorables* y la *Antología de la poesía gauchesca*, en dos tomos publicados por el Fondo de Cultura Económica.

Gran parte del trabajo crítico y difusor de Borges se dedicó a las letras de su país: la *Antología de la literatura argentina*, en colaboración con Pedro Henríquez Ureña (1937, no reimpresa hasta 1999); *El compadrito*, con Silvina Bullrich; *El Martín Fierro* (con Margarita Guerrero); *Leopoldo Lugones* (con Betina Edelberg) y selecciones y prólogos a libros de Evaristo Carriego, Hilario Ascasubi, Almafuerte, Macedonio Fernández y muchos otros autores argentinos vivos y muertos.

La enciclopedia de Borges incluye centralmente libros inclasificables que pertenecen tanto a la narrativa como al breviario de divulgación: *Antiguas literaturas germánicas*, con Delia Ingenieros, reescrito más tarde con María Esther Vázquez como *Literaturas germánicas medievales*; *Manual de zoología fantástica*, con Margarita Guerrero, que Borges transformó después en *El libro de los seres imaginarios*; *Libro de los sueños*, con Roy Bartholomew, y *Breve antología anglosajona*, con María Kodama.

La llama sagrada

El enciclopedista hizo otros manuales sobre literatura inglesa y estadounidense y uno acerca del budismo con Alicia Jurado. A esta zona de su obra pueden adjudicarse también las conferencias ensayísticas publicadas en los volúmenes *Siete noches* y *Borges oral.* Hay que destacar sus dos últimas empresas: La Biblioteca de Babel, colección de lecturas fantásticas, que aumenta y pone al día los Cuadernos de la Quimera con su mezcla de clásicos y «raros» (en el sentido que Rubén Darío dio a la palabra) y la Biblioteca de Borges, que incluye a Juan José Arreola y a Juan Rulfo al lado de Kafka, Chesterton, Wells, Dostoievski, Conrad, Gibbon, Flaubert, Quevedo, Kipling, Stevenson, Swift, Virgilio, Voltaire y Henry y William James, en orden no alfabético ni cronológico sino de aparición en la serie.

Las breves notas introductorias, modelo de concisión, se reúnen en el volumen llamado también *Biblioteca personal.* Es como un segundo tomo de *Prólogos con un prólogo de prólogos*, donde está aquél en que presentó las *Crónicas marcianas* de Ray Bradbury. Faltan otros como el que hizo para la traducción por Kazuya Sakai, de *Rashomon* de Ryunosuke Akutagawa, muestras de la amplitud, la apertura y la curiosidad incesante de Borges.

A los ochenta y cuatro años Borges reunió sus *Nueve ensayos dantescos*; a los setenta hizo con *Hojas de hierba* (Walt Whitman) su mejor traducción. Merece figurar en los mismos libros que preservan su poesía original. Los prólogos finales y los artículos que dictó en los últimos meses para condenar a los verdugos de su patria y despedirse de sus grandes pasiones literarias son obras maestras de la brevedad. Deben tanto al anhelo de síntesis como al ejemplo lacónico de la Enciclopedia.

Después de muerto ha ganado tres batallas: *Textos cautivos*, *Borges en la Revista Multicolor* y *Borges en Sur*. El gran escritor desconoció la senilidad. No hay una página suya que no sea estimulante y no diga algo nuevo, polémico o insólito. Hasta el fin mantuvo su lección ética, ejemplar dentro y fuera de la literatura: la primera obligación de toda persona es hacer bien lo que hace. Así en sus cuentos y en sus poemas como en sus ensayos, prólogos y notas, Jorge Luis Borges iluminó con la llama sagrada hasta la más humilde línea que salió de sus manos.

La invención de Borges

Darío, Schwob, Lugones y la literatura palimpséstica

En los años finales del siglo XIX Buenos Aires fue la capital del modernismo hispanoamericano, el gran movimiento renovador que logró al fin la independencia literaria buscada desde los tiempos de Andrés Bello. *La Nación*, el diario de Bartolomé Mitre, difundió las admirables crónicas de José Martí. Cuando Martí dejó el periódico para entregarse a la lucha por la libertad de Cuba ocupó su lugar Rubén Darío.

Prosas profanas y *Los raros* son los dos libros capitales en la etapa argentina de Darío. Unos años antes, en 1893, había publicado en *La Tribuna* una serie de cuentos a los que tituló «Palimpsestos», es decir, textos escritos sobre otros textos. (El altísimo precio de las tablillas y luego de los pergaminos obligaba a borrar la página original y a inscribir otra en el mismo espacio. De allí la definición de *palimpsesto*: «Manuscrito antiguo, generalmente de pergamino, que conserva huellas de una escritura anterior borrada artificialmente»). Borges no había nacido en 1893 y no pudo conocer más tarde, en el momento de empezar su obra narrativa, los «Palimpsestos» de Darío, pues no fueron accesibles hasta 1950 gracias a los *Cuentos completos*, editados por Enrique Anderson Imbert y Ernesto Mejía Sánchez.

Darío coincidió con una tentativa semejante y mucho más lograda y radical: las *Vidas imaginarias* de Marcel Schwob (1896), que no inventan el tema sino la trama, el tejido en que todo se enlaza para formar un diseño nuevo. En 1985 Borges declaró que una de sus fuentes para la *Historia universal de la infamia* «fue este libro de Schwob».

Cincuenta y dos años antes, en 1933, Borges había sido llamado para dirigir, con su amigo el poeta Ulyses Petit de Murat, la *Revista Multicolor*, suplemento del diario popular *Crítica*, periódico de masas con formato y tendencias tabloidales. Allí Borges tradujo dos de las *Vidas imaginarias* y publicó las narraciones que formaron en 1935 *Historia universal de la infamia*. El suplemento de *Crítica* fue el taller y el campo de experimentación de Borges. Hizo ensayos, cuentos, reseñas y comenzó su labor antifascista al traducir «Escenas de la crueldad nazi», artículo escrito por Heinrich Mann en 1934, cuando Hitler acababa de llegar al poder.

Leopoldo Lugones era el gran amigo de Darío. En 1906 apareció *Las fuerzas extrañas*, colección de cuentos fantásticos que se basan lo mismo en la mitología que en la Biblia y los descubrimientos de la ciencia, y constituyen un innegable antecedente de Borges. *Lunario sentimental* significa la irrupción de la antipoesía dentro del modernismo y el más vasto arsenal de rimas y metáforas que existe en castellano. *Odas seculares* celebra a «la grande Argentina» en el año del centenario (1910) y es como un catálogo de todas sus riquezas. *El ángel de la sombra*, una novela corta inscrita en la última etapa de Lugones, no cuenta entre lo mejor que escribió, pero su interés consiste en mezclar en la ficción a personas reales con sus nombres propios, entre ellos el nombre del autor. Borges hará lo mismo en varios de sus más célebres cuentos.

Nació Lugones el mismo año en que llegaron al mundo Jorge Guillermo y Macedonio Fernández. Borges no podía rebelarse contra un padre que lo alentó en todo y lo sostuvo económicamente hasta los treinta y cinco años para que se dedicara a escribir. Los conflictos se transfirieron a la figura de Lugones. El joven ultraísta lo atacó y se burló de su fanatismo por la rima. Antes de que Lugones se suicidara en 1938, Borges afirmó arrepentido que toda la vanguardia argentina había salido del *Lunario sentimental*. En una nota necrológica lo juzgó «el mayor escritor del idioma». Después «El Aleph» parodió las *Odas seculares* en los versos ridículos de Carlos Argentino Daneri. Con Betina Edelberg, Borges hizo todo un libro, *Leopoldo Lugones*, en 1955, año del derrocamiento de Perón. Condenó el estilo barroco en tanto producto de la vanidad, que es un pecado. Preparó en sus últimos años una *Antología poética* de Lugones, escribió poemas rimados como los suyos y versos populares semejantes a los que aquél publicó en sus años postreros. La admiración y el rechazo hacia Lugones coexistieron en Borges. Murió sin resolver la querella con este padre literario.

Del pergamino al periódico

Al igual que el trabajo de los modernistas, la obra de Borges resulta inseparable del periodismo: la inmensa mayoría de sus cuentos y poemas aparecieron en los diarios. Sus ensayos son, en realidad y vistos con detenimiento, el grado más alto que pueden alcanzar la reseña y la nota literaria y establecen un nivel imposible de alcanzar.

Pasado el esplendor de la crónica en que se ensayó la literatura del cambio de siglo, entre 1915 y 1923, Alfonso Reyes mostró en los periódicos de su exilio madrileño las nuevas posibilidades del artículo como arte. Borges fue más allá: inventó un género en el que se confunden los límites: hay cuentos que parecen ensayos y ensayos como cuentos. Consideró la experiencia leída tan válida para hacer literatura como la experiencia vivida, y la realidad le pareció no menos fantástica que el relato más imaginativo. Cada una de sus notas es la crónica de un viaje por un libro, un río de imágenes o una selva de ideas; la novela de aventuras de una inteligencia privilegiada que se arriesga a vivir dentro de lo que otros escribieron. El lector es el héroe de los libros; la lectura, una obra de creación.

En vida Borges no permitió que se reimprimiera ninguno de sus trabajos en prosa anteriores al encuentro con Reyes y Henríquez Ureña. No le hubiera gustado saber que ahora disponemos de los *Textos recobrados*, *Inquisiciones*, *El tamaño de mi esperanza*, *El idioma de los argentinos*. Pero también tenemos la certeza de que sin ese dilatado aprendizaje, no siempre feliz, en que se cruzaron los elementos más contradictorios no hubiera surgido la que ahora vemos, sin desmedro de su juicio sobre Reyes, como la mejor prosa de la lengua española en el siglo XX.

Las orillas y el centro

Para Borges su obra de prosista empieza con *Evaristo Carriego* (1930) y *Discusión* (1932), donde ya están algunos de sus mejores ensayos: «La supersticiosa ética del lector», «La postulación de la realidad», «El arte narrativo y la magia». Al reeditar *Discusión* en 1957 Borges suprimió «Nuestras imposibilidades», que es lo que hoy llamaríamos una crítica de la vida cotidiana, y añadió «El escritor argentino y la tradición», conferencia de 1953, publicada en 1955. En ella Borges expresa ideas afines a las de Reyes en *A vuelta de correo* (1932). Reyes dijo entonces: «Sólo puede sernos ajeno lo que ignoramos».

Borges añade veintiún años más tarde:

> Nuestra tradición es toda la cultura occidental [...] tenemos derecho a esta tradición, mayor que el que pueden tener los habitantes de una u otra nación occidental [...]. Nuestro patrimonio es el universo, ensayar todos los temas, y no podemos concretarnos a lo argentino

> para ser argentinos [...]. Si nos abandonamos a ese sueño voluntario que se llama la creación artística, seremos argentinos y seremos, también, buenos o tolerables escritores.

Entre las colaboraciones en la *Revista Multicolor*, tres de 1934 –«Dreamtigers», «Los espejos velados», «Las uñas»– aparecieron en la primera edición de *Otras inquisiciones* (1952) y se incorporaron a *El hacedor* en 1960, en un juego que refuta la sucesión temporal: Borges ya era Borges en su propio tiempo y espacio. En su cronología, como en la lectura, todos los tiempos eran el presente.

La revista *Sur*

La obra de Borges se desarrolló entre los periódicos de masas y la revista de élite *Sur*, fundada por Victoria Ocampo, que la publicó y financió de 1930 a 1970. Durante treinta años dominó las letras hispanoamericanas y, caída la República española, contribuyó a hacer de Buenos Aires la capital literaria de nuestro idioma. Su periodo de auge terminó en 1961, cuando se apartó de ella José Bianco, su jefe de redacción desde 1938, y el Premio Formentor inició el reconocimiento planetario del escritor más importante que produjo *Sur*. Borges fue su mayor triunfo como empresa de exportación y justificó con creces cuanto *Sur*, revista y editorial, había importado y traducido para nosotros: desde André Malraux, los dos Lawrence, Aldous Huxley,

Graham Greene, George Orwell, William Faulkner, Jean-Paul Sartre y Albert Camus, hasta los Beatniks y, en los últimos tiempos, Walter Benjamin, apenas unos cuantos nombres en una lista que rebasa las posibilidades de la simple enumeración.

Desde su primer número *Sur* tuvo en su comité a Reyes y Henríquez Ureña. Ellos y sus amigos argentinos convirtieron a *Sur* en un vínculo entre nuestros países que se desconocen. La revista publicó a los brasileños lo mismo que a los mexicanos. *Nostalgia de la muerte* de Xavier Villaurrutia apareció en sus ediciones en 1938, año en que se inició también la colaboración del joven Octavio Paz. (Ver el libro de John King, *Sur*, 1989).

Victoria Ocampo luchó contra los prejuicios que negaban a las mujeres el acceso a la cultura y a toda actividad ajena al lecho conyugal, la cocina y el cuarto de los niños. Ganada la primera batalla en esta guerra, tuvo que librar otra contra la injusticia que margina a los ancianos. Ella jamás se doblegó y continuó escribiendo hasta los noventa años. La aparición en 1999 de *Borges en Sur* muestra que Borges no se limitó a incluir en esas páginas cuentos y poemas ya considerados clásicos, sino que hizo todo el trabajo menor de notas y comentarios efímeros que constituyen la vida de una revista y el rasgo que la distingue de una simple antología mensual o bimestral.

Las «sórdidas noticias policiales»

En *Crítica* se convirtieron en industria del entretenimiento las noticias policiales, muestra del caos y la injusticia de la sociedad que revela su violencia estructural en las patologías individuales. En el periódico de los crímenes reales, que nos fascinan porque nos ponen por un instante al margen y nos dan una ilusoria seguridad («No soy así, no me parezco a estos monstruos; esas cosas horribles nunca me van a pasar; las víctimas y los verdugos son por definición los otros, jamás yo ni las personas que conozco»), Borges publicó sus relatos de crímenes históricos o literarios, pero también de seres de la orilla o el margen: Morell, que trafica con la esperanza de los esclavos en la región del Misisipi; el impostor Tom Castro; una pirata, la viuda Ching; un gángster de Nueva York, Monk Eastman; un delincuente juvenil que se convierte en el pistolero del Oeste Billy the Kid, y dos asesinos orientales: Kotsuké no Suké y Hákim de Merv.

No hay que exagerar la función de lo que ahora llamaríamos intertextos y subtextos en estas narraciones de Borges. Quien los coteje con las fuentes proporcionadas por la bibliografía final –presencia insólita en una obra que se supone de imaginación– verá hasta qué punto Borges ha partido de una fuente ajena, sí, como la *Encyclopædia Britannica* o *La vida en el Misisipi* de Mark Twain, pero sólo para apropiarse de ella, saquearla, deformarla y convertirla en algo muy distinto.

El duelo de los cuchilleros y el abordaje de los piratas se aproximan a esta estrategia literaria. Son, como escribiría en circunstancias diferentes Pier Paolo Pasolini, «textos corsarios». El botín que resulta es un texto personal de Borges. Así como sir Francis Drake –para nosotros un pirata, para los anglosajones un gran explorador y navegante– se apropió de los tesoros sacados de las minas mediante la esclavitud de los colonizados y los aprovechó para que en Inglaterra hubiese libros, universidades y sociedades científicas, Borges toma por asalto el altivo galeón de la cultura europea y distribuye su presa entre nosotros, los descendientes de quienes extrajeron el oro y la plata para beneficio de otros.

Al lado de los violentos foráneos, Borges universalizó a un orillero argentino en «Hombre de la esquina rosada». En *El informe de Brodie* (1970) dio otra versión de lo mismo: «Historia de Rosendo Juárez». Su padre se había acercado al tema de la violencia argentina en su única novela, *El caudillo* (1923). De paso, asombra comprobar que *gaucho* es una deformación de la palabra aimara *gaucho*: el «pobre», el «desvalido» y por extensión el «bastardo». De *gaucho* se origina en el Perú *huachafo* y en México *huach*, *huacho*, *huachinango* y finalmente *chilango*. Hay que explorar la «historia de los ecos de un nombre», la ingrata y vasta resonancia de una sola palabra: el guacho, el gaucho, el huacho, el poblador rabioso y desamparado del margen y las orillas. Es decir, todos nosotros, los no invitados al banquete de la civilización.

El otro cuento inicial, «El acercamiento a Almotásim», apareció disfrazado de reseña de un libro inexistente en *Historia de la eternidad* (1936), el libro más filosófico o antifilosófico de Borges, al lado del ensayo que le da título, «La doctrina de los ciclos», «El tiempo circular» y «Los traductores de las 1001 noches».

Lengua materna: realidades y ficciones

Sin embargo, la cruel liberación y el verdadero comienzo del gran Borges no empiezan hasta 1938, con las muertes de su padre y de Lugones y con el gravísimo accidente que sufre al estrellarse contra una ventana abierta sobre una escalera, precisamente cuando iba a buscar a una muchacha para llevarla a la cena de Navidad con su madre, doña Leonor. Ha habido tantos psicoanálisis de Borges por parte de profesionales y aficionados que abochorna rozar siquiera estos terrenos.

Es evidente que a partir de entonces se afianza el vínculo con doña Leonor, la mujer fuerte que siempre parece haber sido el centro de la familia y que, aun en su extrema vejez, tenía el valor de responder a los peronistas indignados que llamaban a medianoche con amenazas de muerte: «Vea, matar a mi hijo, un hombre viejo y ciego que sale todos los días solo a la calle, no es una gran hazaña. En cuanto a mí, tengo más de noventa años; de modo que si no se apura, por ahí me le muero antes».

Doña Leonor ahuyentó a todas las novias del hijo, al que llamó siempre «Georgie», y se dice que intervino en el atroz cuento «La intrusa», en que dos hermanos asesinan a la mujer que compartieron para que no se interponga entre ellos. Al mismo tiempo la madre fue su mayor colaboradora literaria, su vínculo con el idioma español, la tierra argentina y los antepasados y su modelo de valor civil. Se recuerda al Borges ciego que sale de la biblioteca y se abre paso entre una multitud que con altavoces y a gritos pide su muerte. (En cambio, nada le cuesta confesar su pavor de enfrentarse al dentista). La desaparición de doña Leonor casi centenaria en 1975 fue otra aún más cruel liberación. Como T. S. Eliot que en algo se le parece, Borges sólo encontró el amor en la ancianidad y su relación con María Kodama iluminó sus últimos años.

Borges y Eva

El valeroso antifascismo de Borges –en modo alguno el odio de Eva o de Perón que no lo conocían– originó el episodio de las gallinas y los conejos. La cárcel para su hermana Nora y el arresto domiciliario de doña Leonor exacerbaron inevitablemente su odio a Perón, origen de algo así como el ochenta por ciento de las discordias literarias contra Borges. No fue, como quieren hacernos creer algunos de esos ataques, un oligarca, por la simple razón de que no tenía dinero: desde 1944 habitó un departamento modestísimo, que más bien parecía celda monástica. Debe de haber ganado mucho en sus últimos años, pero siguió viviendo pobremente porque la ostentación era a su juicio una cursilería y él ya necesitaba muy poco.

La paradoja es que el «disfavor» peronista fue un «favor secreto» (términos que él emplea en uno de sus muchos homenajes a Reyes). Gracias al cese, Borges se liberó de la biblioteca suburbana, que fue pesadilla, laberinto e inspiración de varios de sus grandes cuentos. El escritor timidísimo, cuyos discursos tuvo que leer en varias ocasiones su amigo Henríquez Ureña, se vio obligado a volverse conferencista, habilidad con la que recorrió el mundo a partir de 1961. Los primeros años de Eva y Perón resultaron también aquéllos en que escribió su obra maestra de 1949, *El Aleph y otros cuentos*, libro que, en el renglón de los estímulos negativos, debe mucho también al desamor de Estela Canto. Reveladora de su intimidad en *Borges a contraluz* (1990), ella fue la auténtica inspiradora del cuento «El Aleph». (Julio Ortega trabaja en una edición crítica hecha a partir del manuscrito, hoy propiedad de la Biblioteca Nacional de Madrid).

Borges y «Georgie», Borges contra «Georgie»

Si mediante la escritura «Georgie» se afirma como hombre y se convierte en «Borges», el clásico universal, «Georgie», el niño insolente y mimado, reaparece, junto al viejo anarquista conservador (otro oxímoron borgiano), en esa inabarcable parte de su trabajo final que son las entrevistas. En ellas «Borges» dice las cosas más agudas e inteligentes; «Georgie», imperdonables atrocidades como por ejemplo: «Los negros tienen un organismo muy simple, no sienten el dolor ni las heridas [...]. Existen problemas de violencia porque se ha cometido el error de educarlos [...]. [En caso contrario] no sabrían que son descendientes de esclavos [...] son como chicos». O bien: «Los vascos me parecen más inservibles que los negros: no han hecho otra cosa en la historia más que ordeñar vacas». Para no hablar de la parte que nos tocó en la distribución de las injurias: los mexicanos somos «cobardes y pésimos soldados», no se puede confiar en nosotros por ser nada más «guías de turistas».

En la Guerra Fría que entre 1945 y 1989 dividió al mundo, a Borges le tocó no el lado del «socialismo real» sino el contrario. Pocos países lo celebraron tanto como Estados Unidos pero ni así escaparon a la condena de «Georgie», el niño malo y arrogante al que le gusta escandalizar como a sus contemporáneos dadaístas y surrealistas, y contrasta con «Borges», el genio humilde que, cubierto de gloria, dice que su obra es un fraude y no aspira a la ridícula inmortalidad sino a ser olvidado por completo.

Para Borges, Estados Unidos es el país de Poe, Twain, Emerson, Melville, Whitman, Faulkner. Para «Georgie», se trata de «simplemente una gran potencia, y es lo más triste que se puede ser». Estados Unidos es «un país de segundo orden [...]. Son muy ignorantes, de una ignorancia insuperable. Además allí la gente se alimenta exclusivamente de ajo y de cebolla. Encima de ser ignorantes, los norteamericanos apestan». Imposible encontrar generalizaciones más absurdas ni calumnias menos justificadas. (Ver, entre docenas de libros de conversaciones, *Borges, el palabrista* de Esteban Peicovich).

Repensar a Borges

María Luisa Bastos ha documentado en *Borges ante la crítica argentina: 1923-1960* las respuestas a su obra y su persona. De Adolfo Prieto (*Borges y la nueva generación*, 1955) a Blas Matamoro (*JLB o el juego trascendente*, 1971), hay muchos libros en contra y toda una corriente –resumida por Martín Laforgue en *Antiborges* (1999) con textos que van de la crítica lúcida a la agresión cerril y de la intolerancia más inaceptable a la generosidad y la inteligencia de Juan Gelman–, una corriente ahora reemplazada por otra visión de Borges gracias a Beatriz Sarlo (*Borges, escritor de las orillas*) y Daniel Balderston (*¿Fuera de contexto? Referencialidad histórica y expresión de la realidad en Borges*) y muchos libros y ensayos excelentes que por desgracia es imposible citar aquí.

Nos demuestran la necesidad de repensar a Borges, romper con toda ortodoxia y dogmatismo, admitir que las teorías abstractas ya no funcionan ni se puede considerar todo bajo la especie de «progreso» y «reacción». Como dice Beatriz Sarlo, es un error querer «salvar» al pueblo de la alta cultura porque con ello estamos celebrando sin saberlo la desigualdad, la injusticia y el despojo. Borges sólo puede entenderse en la mezcla, la unión, la síntesis y la discordia de lo urbano, lo rural, lo europeo, lo nacional, lo elitista y lo popular.

Lo que importa ahora, como indica James Woodall en su biografía *La vida de Jorge Luis Borges: El hombre en el espejo del libro*, es que Borges resulte igualmente accesible para los universitarios que lo estudian y para el público en general. Si se ha vuelto indispensable una edición crítica en español como la que ha hecho Jean-Pierre Bernès en los dos tomos de *Œuvres complètes* de La Pléiade, no parece adecuado multiplicar las compilaciones de páginas que Borges no autorizó.

Textos cautivos y *Borges en Sur* son en sí mismos más que legibles y añaden otras dimensiones a lo que sabíamos de Borges. Desde luego no podemos inventar en contra del viejo niño «Georgie» –que no paraba de hablar porque sus interrogadores no lo dejaban en paz– un Borges de izquierda; pero sí ver la coherencia y valentía de su antifascismo y de su trabajo para poner en manos de las multitudes a las que despreciaba lo mejor de la literatura universal, en modo alguno sólo europea.

Las notas y reseñas exhumadas de Borges se encuentran a la altura incomparable de los ensayos reunidos en un libro célebre, *Otras inquisiciones* (1952), y muestran que aún debe de haber muchos textos valiosos en las publicaciones de la época. No obstante, mejor quedarnos con lo que hasta ahora tenemos y ya es muchísimo. Como él dijo de Oscar Wilde en 1946, cuando no estaba de moda hablar bien de Wilde, Jorge Luis Borges «es de aquellos venturosos que pueden prescindir de la aprobación de la crítica y aun, a veces, de la aprobación del lector, pues el agrado que nos proporciona su trato es irresistible y constante».

Apéndice
Jugar a Borges con Borges: biblioteca virtual de imposibles libros posibles*

Borges, Jorge Luis, *Los naipes del tahúr*, prólogo de Noé Jitrik, epílogo de Alicia Borinsky, Emecé, Buenos Aires, 212 pp.

La noche del 22 de julio de 1921 el ejército español es aniquilado en Marruecos por los rifeños de Abd el Krim. Mueren veinte mil reclutas y su comandante, el general Fernández Silvestre. Mientras tanto, en Madrid, Luis Burgos, un joven rioplatense, pierde casi todo su dinero por obra de un tahúr que, para distraer a sus víctimas, imprime en sus naipes fotos de parejas en el coito. Los naipes, sin decirlo, prefiguran el destino de Burgos.

Luis cae en manos del hampa literaria que merodea por la Puerta del Sol. En el burdel Casa Elena logra su primera experiencia con la Lolis, una joven y muy hermosa prostituta. Burgos se enamora de la Lolis

* «Jugar a Borges con Borges» apareció originalmente en el número de *Letras Libres* correspondiente a septiembre de 1999.

y quiere llevársela consigo. La muchacha le pide que regrese al amanecer cuando termina su jornada en el prostíbulo.

En la plaza de Santa Ana, Burgos dialoga con dos personajes de la noche: Dorio de Gadix y Pedro Luis de Gálvez, un hampón y sablista de gran talento literario que escribe buenos sonetos y a quien se atribuye haber redactado, a sueldo del millonario argentino Enrique Larreta, *La gloria de don Ramiro*.

Tras muchas peripecias en el Viaducto y en el Retiro, Burgos regresa a Casa Elena. La Lolis quiere irse con él pero su explotador, el Zurito, se lo impide y reta a Burgos. Mientras tanto, las primeras noticias del desastre de Annual causan revuelo entre las prostitutas y sus clientes. Burgos acepta el desafío y muere acuchillado por el Zurito. En su vertiginosa agonía piensa que él es el general Fernández Silvestre y ha caído de pie en África luchando contra los moros.

La única novela de Borges, hecha hacia 1925 y extraviada durante más de setenta años, asombra por sus afinidades con *Ulysses*, *Luces de bohemia* y sobre todo con *Las máscaras del héroe* (1996), obra de Juan Manuel de Prada que nació en 1970. Esta prosa del joven Borges no se parece a la de sus primeros ensayos y se muestra muy influida por Pío Baroja.

Uveda, Fani, *Todo al fuego: Notas de lectura*, vol. I: *1956-1966*, prólogo y selección de Saúl Yurkiévich, Planeta, Buenos Aires, 400 pp.

Confidente, mucama, enfermera y ocasional secretaria hasta su inexplicable despido en 1986, Fani Uveda tiene un lugar en la mitología literaria por haber arrojado al incinerador cerca de quince mil libros que sus ingenuos autores enviaron a Borges. Pero nadie sabía que antes de echar los libros a las llamas, Fani redactaba agudas notas de lectura. Un solo ejemplo de su talante crítico: «*La sangre de Medusa* por J. E. Pacheco. Pobre del Señor con su cauda de imitadores lamentables. Estos cuentitos mexicanos me dieron la impresión de leer la prosa de Borges con acento de Cantinflas».

~

Monsiváis, Carlos, *La Biblia en Borges: estudio y concordancias*, Sociedades Bíblicas del Nuevo Milenio, México, 480 pp. (Libro más CD-ROM).

No todos sus admiradores saben que Monsiváis es también la mayor figura intelectual del protestantismo mexicano y un *scholar* bíblico de reputación planetaria. En esta obra monumental, fruto de cuarenta años de trabajo, estudia la importancia decisiva que tuvo para la prosa y el verso de Borges la *Biblia* de Casiodoro de Reina y Cipriano de Valera. Señala, aclara, relaciona y comenta todas las citas y alusiones bíblicas que hay en Borges y las descubre en donde no están indicadas. Así, en «La casa de Asterión», un cuento de tema mitológico griego, el Minotauro dice: «Yo sé que mi redentor vive y al fin se levantará sobre el polvo». Monsiváis nos remite a la fuente: Job 19:25.

❧

Moonbeam, un soneto desconocido de Borges, dibujo de Juan Soriano, presentación de Christopher Domínguez Michael, Mata Hari Ediciones, México, sin paginación.

En 1969 una revista mexicana pidió a Borges un texto sobre el desembarco en la luna. Se dice que envió este soneto. Christopher Domínguez Michael pone en duda la atribución y no encuentra en sus versos la fluidez ni la tersura habituales. Piensa que es una broma atribuible al sector local del Ta Li Po (Taller de Literatura Potencial). Juzgue quien lea:

Ariosto la soñó. También Cyrano.
Y con Verne y con Wells sus arenales
abandonaron mapas y manuales
para adentrarse en el afán humano.
Yo la he visto en Palermo y el lejano
mar de reflejos sobrenaturales.
Gallina de los campos celestiales,
dijo Gracián en rudo castellano.
Quien la mira la ve por vez primera.
Algún secreto horrible hay en la luna:
causa un horror sagrado que se aúna

a su cara de sombra verdadera.
Alta la dejo en su épico universo
y casi no tocada por mi verso.

❧

Ortega, Julio, *Borges and the Lost Generation*, Oxford University Press, Londres y Nueva York, 288 pp.

Un análisis muy amplio de las relaciones de Borges como autor, crítico y traductor con sus grandes contemporáneos estadounidenses. Entre sus grandes hallazgos hay que celebrar dos cartas nunca antes publicadas. Conmueve la gentileza de Faulkner al enterarse de quién era el hombre que había traducido *Las palmeras salvajes* e intentar escribir en un idioma nunca estudiado y tal vez ni siquiera escuchado:

> Novembrie 1961
>
> Qerido senior Borgess, habiendo leido in translaciones sus superbas cortas historias, yo hasta ora sabe usted mas 20 anyos atras hacia hispaniola version *The Wild Palms*. Mucho buena, todos diciendo. Soy proudo y gratefulo por haber un translador como tu. With my very best wishes, amigo de usted,
>
> Bill Faulkner

Aún más asombrosa es la carta de Hemingway, escrita a lápiz bajo los efectos del ron y testimonio del momento en que su afán de competir empezó a transformarse en paranoia. A diferencia de Faulkner, Hemingway creía saber español y lo usaba como lengua oficial en su casa de Finca Vigía. Esta gratuita hostilidad explica por qué Borges lo consideró «un matón» y juzgó su obra un elogio de la crueldad.

Havana, March 13, 1950
Borge Luis Jorges
Buenos Aires, Brazil

Dear Borges, my Cuban friend Lino Calvo gave me *The Aleph*, here in El Floridita, el Catedral del Daiquiri. Sure, dammed good book. They are saying around you are the best writer in Spanish, but you can kiss my ass and you never hit a ball out of the infield in your life.

You took LITERATURE too solemnly. You discoverd life late. You came down down here and fight for free with an old character like me, who is fifty years old and weighs 209 and think you are a shit, Jorges, and would knock you in your ass.

HOW DO YOU LIKE IT NOW, GENTLEMEN?

Viva El Torre Blanco.

Yours sincerely, Papá.

Borges, Jorge Luis, y Alfonso Reyes, *Obras inconclusas en colaboración*, recopiladas por Miguel Capistrán y Alfonso Rangel Guerra, El Colegio Nacional-Era, México, 125 pp.

Se reúnen aquí fragmentos de la obra teatral *La posada del mundo* y del libro acerca del «compadrito» y el alfeñique entre los poetas hispanoamericanos. Redactado a semejanza de las *Vidas imaginarias*, sobresale en él un retrato de José Santos Chocano y de cómo en un soneto acerca de Pizarro describió anticipadamente su propio asesinato en un tranvía en Santiago de Chile. Pero lo más novedoso está en los desconocidos poemas «jitanjafóricos» escritos a dos manos que se acercan a la poesía negrista muy practicada en los tiempos de esta colaboración (1929-1936). Por ejemplo:

> No sé por qué ignoras tú
> que vengo de Paysandú.
> Si bien no toco el bongó,
> milongas sí bailo yo.
> Yamba, yamba, yambabé;
> danza la luna en tu piel,
> linda mulata, y aé,
> yamba, yambo, yambabé,
> aé, aé.

Haslam, Silas, *History of the Land Called Uqbar* and *A General History of Labyrinths*, edited and introduced by Hugo Verani, Viking-Penguin, New York, 384 pp.

Haslam nació en Masbrough, Yorkshire, en 1815, el día de la victoria de Wellington sobre Napoleón en Waterloo, y murió en 1899. Estudió en Magdalen College, Oxford. Colaboró en *Blackwoods* y en *Edinburgh Magazine*. Amigo de Disraeli, trabajó con él cuando era primer ministro (1874-1880) y le sugirió convertir a la reina Victoria en emperatriz de la India. Ya en su vejez se enamoró de Emma Gifford, que lo rechazó para casarse con Thomas Hardy. Frecuentó círculos esotéricos. Su fervor le valió ser caricaturizado en *Punch* y en una opereta hoy olvidada de Gilbert y Sullivan, *The Otherworldies*. En su *Historia* dice que hubo tres laberintos: el de Creta, que hizo Dédalo por mandato de Minos; el de Egipto, que describió Pomponio Mela, y el que mandó edificar el rey etrusco Porcena y le sirvió de sepulcro. Fanny, la sobrina de Haslam, fue la abuela de Borges.

Camerarius, Gaspar, *Poemas*, traducción y prólogo de José María y Rafael Pérez Gay, Cal y Arena, México, 115 pp.

Lección de humildad para quienes confían en sobrevivir a nuestra época, entre los veinte mil poetas de Europa que escribieron en latín entre los siglos IV y XIII, sólo quedaron Ausonio, Servasio, Aviano, Oriento, Walafrido Estrabón, Pedro Abelardo, El Archipoeta, el anónimo autor de *Carmina Burana* y Gaspar Camerarius (Núremberg, 1217-1278), probable introductor de la rima en la poesía europea. Camerarius fue un monje que abandonó el convento, enloquecido de amor. La bellísima Matilde Urbach era amante de Rodolfo I, que al vencer a Ottokar de Bohemia en 1273 se coronó Deutscher König y fundó la dinastía de los Habsburgo. Camerarius murió en la batalla de Dürnkrut. De su obra permanece sólo un breve poema: «Yo, que tantos hombres he sido, no he sido nunca / aquel en cuyo abrazo desfallecía Matilde Urbach».

❧

La Torre de Marfil, n. 1, «Borges en su centenario».

Con el título de la revista que publicaron en 1959 José Carlos Becerra y Gabriel Zaid, se presenta un número que en sí mismo es una biblioteca. Julio Trujillo escribe sobre los meses que Borges pasó en Portugal en 1923 y su amistad con Pessoa. Decidieron que si uno siempre plagia hay que expiar la culpa inventando textos que se atribuyan a otros autores. En «Soleares y otros poemas» Marco Antonio Campos ordena la obra española de Borges, que anticipa la poesía de madurez («Adentro de la vihuela / caben la noche de fiesta / y mi querer, noche negra») y los romances a la manera de Lugones sobre temas gitanos, línea interrumpida por el gran éxito de García Lorca.

Miguel Covarrubias y Sergio Cordero hacen un erudito recorrido de la influencia de Borges en la narrativa francesa: desde *Poncio Pilatos*, la novela corta de Roger Caillois acerca de lo que hubiera pasado si el procurador de Judea libera a Jesucristo, hasta *Le bouc émissaire* de Luc Tassigny (1998), *roman-fleuve* en torno a cómo el mariscal Pétain, héroe de la Primera Guerra, eligió convertirse en traidor durante la Segunda para cumplir con su destino trágico.

Vicente Quirarte y Arturo Trejo Villafuerte recobran la figura de Juan Suárez Miranda (1616-1670), explorador fracasado, que en pleno desengaño español hizo un libro de crónicas imaginarias, *Viajes de varones prudentes* (Lérida, 1658). Hoy parece un curioso anticipo de Italo Calvino en *Las ciudades invisibles*.

❧

Galeoto, Viviana, *Cartas de Beatriz*, Tusquets, Barcelona, 124 pp.

En *Jane Eyre* (1847) Charlotte Brontë menciona que la primera esposa de Mr. Rochester vive oculta y demente en el interior de Thornfield. Jean Rhys en *Wide Sargasso Sea* (1966) imagina la historia de esta mujer, Antoinette Conway, nacida en Jamaica, y de las condiciones que la llevaron a la locura y el encierro. En varios de sus cuentos Borges se anticipó a la tendencia posmoderna de desarrollar novelísticamente lo que otros libros dejaron en esbozo.

Con *Cartas de Beatriz* Viviana Galeoto quedó finalista en el Premio de novela erótica La Sonrisa Vertical. Nacida en Buenos Aires (1975), sus padres la llevaron al exilio en México, Francia y Estados Unidos. Hoy vive en Los Ángeles, donde trabaja como *table dancer*, actriz de películas *underground* y modelo de revistas masculinas. Ha publicado un libro de poemas en inglés: *Leidy's Comb Jelly* (Bat Star Press, 1996).

Viviana Galeoto muestra aquí algo que *El Aleph* sugiere tan sólo. La visión del universo que alcanza el personaje llamado «Borges» incluye descubrir «en un cajón del escritorio (y la letra me hizo temblar) cartas obscenas, increíbles, precisas, que Beatriz había dirigido a Carlos Argentino».

«Este libro», ha dicho Ricardo Piglia, «es también obsceno, increíble y preciso. Pero gracias a su arte trasciende las limitaciones del género para convertirse en gran literatura».

Bibliografía mínima

Poesía

Fervor de Buenos Aires, Buenos Aires,* 1923.
Luna de enfrente, 1925.
Cuaderno San Martín, 1929.
Poemas, 1922-1943, 1943.
Poemas, 1923-1953, 1954.
Poemas, 1923-1958, 1958.
El hacedor, 1960.
Obra poética, 1923-1964, 1964.
Para las seis cuerdas, 1965.
Obra poética, 1923-1966, 1966.
Obra poética, 1923-1967, 1967.
El otro, el mismo, 1969.
Elogio de la sombra, 1969.
El oro de los tigres, 1972.
La rosa profunda, 1975.

---

* Salvo indicación contraria, todos estos libros fueron editados en Buenos Aires.

La moneda de hierro, 1976.
Historia de la noche, 1977.
La cifra, 1981.
Atlas, 1984.
Los conjurados, Madrid, 1985.

Ficción

Historia universal de la infamia, 1935 y 1954.
El jardín de senderos que se bifurcan, 1942.
Ficciones (1935-1944), 1944; 2ª. ed. aumentada, 1956.
El Aleph, 1949; 2ª. ed. aumentada, 1952.
El informe de Brodie, 1970.
El Congreso, 1971.
El libro de arena, 1975.
La memoria de Shakespeare, Madrid, 1983.

Ensayos

Inquisiciones, 1925.
El tamaño de mi esperanza, 1926.
El idioma de los argentinos, 1928.
Evaristo Carriego, 1930; 2ª. ed. aumentada, 1955.
Discusión, 1932; 2ª. ed. aumentada, 1957.
Historia de la eternidad, 1936; 2ª. ed. aumentada, 1953.
Otras inquisiciones (1937-1952), 1952; 2ª. ed. aumentada, 1960.
Prólogos con un prólogo de prólogos, 1975.

Borges oral, 1979.
Siete noches, 1980.
Textos cautivos: ensayos y reseñas en El Hogar (1936-1939), 1986.
Biblioteca personal (prólogos), 1988.
Borges en Revista Multicolor, 1995.
Borges en Sur, 1999.

Antologías de su obra

Antología personal, 1961.
Nueva antología personal, 1968.

Obras completas

Obras completas, t. I, 1974.
Obras completas, t. II, 1989.
Obras completas en colaboración, 1997.

Obras en colaboración

Con Adolfo Bioy Casares:
Seis problemas para don Isidro Parodi, publicado bajo el pseudónimo H. Bustos Domecq, 1942.
Un modelo para la muerte, publicado bajo el pseudónimo B. Suárez Lynch, 1946.
Dos fantasías memorables, publicado bajo el pseudónimo H. Bustos Domecq, 1946.

Los orilleros y *El paraíso de los creyentes*, 1955. Guiones para cine.
Crónicas de Bustos Domecq, 1967.
Nuevos cuentos de Bustos Domecq, 1977.

Con Betina Edelberg:
Leopoldo Lugones, 1955.

Con Margarita Guerrero:
El Martín Fierro, 1953.
Manual de zoología fantástica, México, 1957.
El libro de los seres imaginarios, 1967, edición aumentada de *Manual de zoología fantástica.*

Con Delia Ingenieros:
Antiguas literaturas germánicas, Buenos Aires y México, 1951.

Con Luisa Mercedes Levinson:
La hermana de Eloísa, 1955.

Con María Esther Vázquez:
Introducción a la literatura inglesa, 1965.
Literaturas germánicas medievales, 1966, edición aumentada de *Antiguas literaturas germánicas.*

Con Esther Zemborain de Torres Duggan:
Introducción a la literatura norteamericana, 1967.

Antologías en colaboración

Con Adolfo Bioy Casares:

Los mejores cuentos policiales, 1943; 2ª. ed. aumentada, 1951.
Prosa y verso de Francisco de Quevedo, 1948.
Cuentos breves y extraordinarios, 1955.
Poesía gauchesca, 2 vols., México, 1955.
Libro del cielo y del infierno, 1960.

Con Roy Bartholomew:

Libro de sueños, 1976.

Con Silvina Bullrich:

El compadrito: su destino, sus barrios, su música, 1945; 2ª. ed. aumentada, 1968.

Con Pedro Henríquez Ureña:

Antología clásica de la literatura argentina, 1937; 2ª. ed., 1999.

Con Adolfo Bioy Casares y Silvina Ocampo:

Antología de la literatura fantástica, 1940; 2ª. ed. aumentada, 1965.
Antología poética argentina, 1941.

Con María Kodama:

Breve antología anglosajona, Madrid, 1978.

Ver Nicolás Helft, *Jorge Luis Borges: Bibliografía completa*, 1997 (incluye un CD-ROM).

En vez de bibliografía indirecta

En esta página debió figurar una lista de libros acerca de Borges, ya que no de las decenas de miles de artículos. Al intentarla me dominó la sensación borgiana del vértigo. Me sentí como frente al Aleph, capaz de presentar una visión que nadie nunca podrá describir. Sólo en esta semana han aparecido tres nuevos volúmenes. Cuando estas líneas se impriman serán muchos más.

Hay, por fortuna, una secta borgiana que lo venera y estudia. Ante ella me considero el turista que penetra en una iglesia para ver sus obras de arte mientras los creyentes miran al intruso con recelo y desprecio. Admiro muchos trabajos académicos sobre Borges y varios de ellos han iluminado mis lecturas. Para quien desee acercarse a estos libros y los que seguirán le basta la consulta a internet: www.cervantes.es/imagenes/File/biblioteca/bibliografias/borges_jorge_luis(1).pdf. Al mismo tiempo, no olvido que Borges pedía ir a los textos antes que a la crítica. Nos recomendaba apartarnos por un momento de la historia de la literatura, sus escuelas, jerarquías, polémicas, anécdotas, generaciones y divisiones, para quedarnos solos ante el texto y lo que él puede darnos en el intercambio y el presente perpetuo que es toda verdadera lectura.

Si uno no se deja desalentar por la apariencia de los textos de Borges –sus nombres, sus títulos de libros, sus alusiones–, si no dice: «Cómo voy a leerlo si no sé nada de filosofía ni de historia argentina»; si se anima a leerlo de verdad y sin prejuicios, tendrá, puede estar seguro, una de las experiencias centrales de su vida. Ojalá este cuaderno sirva como invitación para leer a Borges. No tuvo otro propósito ni tendrá otro sentido.